PORTUGAL E BRASIL: DUAS NAÇÕES EM HARMONIA

PORTUGAL E BRASIL: DUAS NAÇÕES EM HARMONIA

2024

Antonio Lavareda
José Roberto Afonso
Nuno Santos

ALMEDINA

FIBE
FÓRUM DE INTEGRAÇÃO BRASIL EUROPA

PORTUGAL E BRASIL: DUAS NAÇÕES EM HARMONIA

AUTOR: Antonio Lavareda, José Roberto Afonso, Nuno Santos

DIRETOR DA ALMEDINA BRASIL: Rodrigo Mentz
EDITOR: Marco Pace
PRODUTORA EDITORIAL: Erika Alonso
ASSISTENTES EDITORIAIS: Letícia Gabriella Batista e Tacila Souza

REVISÃO: Tereza Gouveia
DIAGRAMAÇÃO: Almedina
DESIGN DE CAPA: FBA

ISBN: 9786554272001
Janeiro, 2024

Dados Internacionais de Catalogação na Publicação (CIP)
(Câmara Brasileira do Livro, SP, Brasil)

Lavareda, Antonio
Portugal e Brasil : duas nações em harmonia /
Antonio Lavareda, José Roberto Afonso, Nuno Santos.
-- São Paulo : Almedina, 2024.

ISBN 978-85-8493-661-8

1. Brasil - Relações - Portugal 2. Intercâmbios
interculturais 3. Portugal - Relações – Brasil
4. Relações internacionais I. Afonso, José Roberto.
II. Santos, Nuno. III. Título.

23-179065 CDD-327.81

Índices para catálogo sistemático:

1. Brasil : Relações internacionais 327.81
Eliane de Freitas Leite - Bibliotecária - CRB 8/8415

Este livro segue as regras do novo Acordo Ortográfico da Língua Portuguesa (1990).

EDITORA: Almedina Brasil
Rua José Maria Lisboa, 860, Conj.131 e 132, Jardim Paulista | 01423-001 São Paulo | Brasil
www.almedina.com.br

Este Livro se baseia em estudo inédito a respeito da percepção no Brasil e em Portugal sobre o Bicentenário da Independência. Foi financiado pelo Fórum Integração Brasil-Europa (FIBE), com o apoio da Federação Brasileira de Bancos (FEBRABAN). A realização ficou a cargo dos Institutos IPESPE (Brasil) e Pitagórica (Portugal).

Neste estudo foi abordado um amplo conjunto de temas, como o nível de conhecimento sobre o bicentenário, a opinião acerca da relação entre os dois países e as expectativas de agenda para os próximos 200 anos. Os resultados foram apresentados no fórum "200 anos da Independência do Brasil – Independência com integração", que aconteceu em setembro de 2022, em Lisboa.

Autores:
Antonio Lavareda
José Roberto Afonso
Nuno Santos

Assessoria Editorial:
Sérgio Montenegro

SUMÁRIO

1. INDEPENDÊNCIA COM INTEGRAÇÃO

José Roberto Afonso[1]

Raros são os povos no mundo que conseguem comemorar a independência de uma nação também no país de onde ela se originou. Brasil e Portugal protagonizam esse fato inédito na história. Uma história que se fez mais uma vez em setembro de 2022, com o bicentenário da data escolhida para marcar o anúncio da emancipação da antiga colônia de além-mar. De tão simbólica, a efeméride ensejou desde a publicação de um grande número de livros e artigos à realização de programas televisivos e produções cinematográficas. Isso se deu em Portugal, reforçando uma espécie de cordão embrionário que une a pátria mãe à nova nação.

Como esperado, muito foi recuperado e valorizado da história brasileira, inclusive com atenção redobrada para as facetas impostas pelo novo normal – ou novo mundo. Em particular, as cruciais agendas do empoderamento feminino e da preservação do meio ambiente foram vinculadas à vida da Princesa Isabel, cuja atuação foi decisiva para que Dom Pedro I decretasse a independência. Um plano ousado para combater a desigualdade estrutural na sociedade brasileira chegou a ser desenhado, à época, pelo patriarca José Bonifácio de Andrada e Silva. Quase não se fala sobre isso, mas alguém chegou a lembrar desse escrito.

[1] Economista, vice-presidente do Fórum de Integração Brasil-Europa (FIBE), professor do Instituto Brasiliense de Direito Público (IDP) e da Universidade de Lisboa.

Enfim, virtudes e pecados que cercaram a independência brasileira seguem presentes 200 anos depois. Para alguns, mais críticos, as mesmas veias permanecem abertas, e feridas continuam não cicatrizadas. Até em samba-enredo já se questionou se houve mesmo a independência. É hora, portanto, de tirar lições do passado, compreender melhor os desafios postos no presente e inovar e trabalhar para que sejam equacionados de maneira mais eficiente para o futuro.

Esse é o contexto que, na nossa modesta opinião, cerca a edição deste livro. Vale mencionar que, quando da comemoração do Bicentenário da Independência, o Fórum de Integração Brasil-Europa (FIBE) – associação cultural criada em outubro de 2021 – promoveu uma semana de debates e festejos em diferentes cidades portuguesas. A memória do evento, que compreendeu desde concertos musicais até debates acadêmicos, está disponível com a íntegra dos vídeos, entrevistas e apresentações na página comemorativa do evento no portal do FIBE[2].

A estrutura deste livro se assenta no mesmo tripé em que foi organizada aquela semana do FIBE, mesclando artes com debates.

A independência brasileira teve características marcantes e peculiares no cenário internacional da época. Não envolveu uma ruptura com o seu antigo colonizador, algo tão comum em outras colônias. Não houve a fragmentação do território, da organização política e da língua, mas é inegável que se pagou um preço alto, inclusive ao debelar diferentes rebeliões regionais pela manutenção do regime de escravidão por décadas.

Dois séculos depois, a sociedade e a economia brasileira e mundial atravessam um período de transformações radicais, provocadas, entre outros aspectos, pela revolução digital, pela pandemia da Covid-19, pelo desequilíbrio ambiental, pela guerra no velho centro do mundo, pelas desigualdades sociais e pelas ameaças à democracia. Alguns desafios brasileiros sequer foram superados e já surgem outros, imensos, a serem enfrentados para tornar a nação independente e integrada.

Após 200 anos, a expectativa é de melhores condições de vida, com menos desigualdade social e econômica, mais respeito à diversidade e à sustentabilidade ambiental. Ou seja, que se possa ter uma nação, uma

[2] Disponível em: https://forumbrasileuropa.org/agenda/200-anos-da-independencia-do-brasil/. Acesso em: jan. 2024.

sociedade e uma economia mais sólidas e justas que as de hoje ou que há dois séculos.

É natural e histórica a integração entre Brasil e Portugal. Vitalino Canas, presidente da FIBE e professor da Faculdade de Direito da Universidade de Lisboa, muito bem sintetizou os desafios do Brasil:

> Independência com integração expressa justamente isso. Olha-se para o trajeto, faz-se o balanço do que existe e projeta-se o futuro. No caso do Brasil, o passado teve altos e baixos, sob vários pontos de vista; o presente encerra desafios cruciais – como o da preservação da Amazônia onde, soubemo-lo nos últimos dias, a área ardida este ano é a maior dos últimos doze; mas o futuro será inevitavelmente brilhante. Há algo incontornável: o Brasil é a principal potência do hemisfério sul, tem recursos incomensuráveis, está na vanguarda tecnológica em muitos setores e perfilha inegavelmente os valores de promoção do desenvolvimento da pessoa humana e da liberdade, que são o melhor caminho para uma sociedade feliz e de progresso, como está inscrito na sua bandeira.[3]

Não custa recordar e conectar as duas nações. Os portugueses têm uma tradição histórica de migrar para o exterior de forma intensa, e optaram pelo Brasil ao longo dos séculos, desde a formação da colônia. Mas também rumaram para a África e a Ásia, espalharam-se pelo restante da Europa e, por fim, chegaram à América do Norte. Neste século, porém, houve uma inversão do fluxo, e Portugal passou a receber migrantes de forma crescente, vindos de todas as regiões citadas. Há algumas décadas, muito da migração de brasileiros era composta por trabalhadores, mas nos últimos anos – inclusive por conta de incentivos fiscais atraentes – Portugal passou a receber empresários, aposentados e profissionais mais qualificados do Brasil. Esse processo também acompanhou a transformação do País como um destino de forte atração dos brasileiros em viagem de turismo.

O cenário foi quantificado na pesquisa tratada neste livro: apenas 13% dos brasileiros entrevistados já viajaram para Portugal, contra 27%

[3] Fonte: *Diário de Notícias*. Opiniões. Portugal, 4 set. 2022.
Disponível em: https://www.dn.pt/opiniao/integracao-brasil-europa-15136302.html. Acesso em: 29 jun. 2023.

dos portugueses consultados que já estiveram no Brasil. Esse novo contexto deve alterar, moldar e influenciar a percepção dos brasileiros e dos portugueses, um dos outros, de seus povos e de seus países. O levantamento realizado pelo IPESPE e pela Pitagórica produziu um bom e detalhado retrato dessas opiniões cruzadas.

Não resistimos a antecipar alguns resultados e comentá-los brevemente. O mais contundente envolve a frustração dos brasileiros com o Brasil e a concomitante atração despertada por Portugal, talvez pelos laços históricos e pela comodidade da língua, mas também pela maior sensação de segurança e pela oferta de melhores condições para trabalhar e viver. E isso tudo em que pese Portugal ser uma das economias menos desenvolvidas da Europa.

Quando se apurou na pesquisa a opinião dos residentes de um país sobre o outro, 61% dos brasileiros revelaram enxergar em Portugal oportunidades para melhorar de vida, enquanto apenas 5% dos portugueses veem o mesmo no Brasil. A proporção dez vezes diferente de um país para outro não deixa a menor dúvida sobre a mudança de percepção e do sentido de mudar de vida.

Outras respostas complementaram e reforçaram essa visão. Quando avaliados os dois países como destino turístico, 53% dos portugueses optariam por passear no Brasil, contra apenas 12% dos brasileiros que escolheriam ir a Portugal. Ao ser solicitada aos entrevistados uma opinião sobre o outro país como opção para morar, 35% dos brasileiros disseram acreditar que seria muito bom viver em Portugal, mas apenas 1% dos portugueses veem boas condições de moradia no Brasil. Na mesma pergunta, somando os índices de respostas bom e muito bom, 84% dos brasileiros já ouviram falar que seria ao menos bom morar em Portugal, contra apenas 12% dos portugueses que pensam o mesmo sobre o Brasil. Aliás, ocorre na verdade o oposto: hoje, para 64% dos portugueses, seria ruim ou muito ruim morar no Brasil.

A frustração com o próprio país já levou muitos brasileiros a mudarem para Portugal, o que dispara outras preocupações em torno da migração. Apesar das naturais dificuldades e dos conflitos é possível dizer que a percepção continua sendo boa por parte de quem o outro recebe. Diante da informação de que os brasileiros já representam a maior comunidade estrangeira em Portugal, a ampla maioria dos inquiridos pelo estudo – 73% dos brasileiros e 64% dos portugueses – classificou o fato como bom para ambos os países. Sobre a aprovação da reforma na Lei de Estrangeiros visando facilitar a entrada de migrantes, 84% dos brasileiros e 51% dos portugueses se disseram a favor da medida.

Os laços culturais contam muito para explicar essa boa aproximação. Como esperado, a língua portuguesa é tida como maior sinal de influência cultural de Portugal sobre o Brasil, segundo 82% dos portugueses e 54% dos brasileiros. Embora a metade dos entrevistados desconheça a passagem do Bicentenário da Independência, a franca maioria – 72% no Brasil e 80% em Portugal– reconhece os dois países como irmãos por ligação histórica e herança cultural.

A percepção das mazelas sociais e a esperança de mudança do cenário também não representam grandes diferenças nos dois lados. Sobre a escravidão, 75% dos brasileiros e 58% dos portugueses avaliam que suas consequências ainda são sentidas hoje no preconceito e na violência contra negros e indígenas. Sobre o que esperam para os próximos 200 anos, 55% dos brasileiros responderam, em primeiro lugar, mais justiça e igualdade entre pessoas, enquanto 60% dos portugueses desejam, acima de tudo, mais qualidade de vida.

Ainda sobre a desigualdade, não custa mencionar o que foi apurado em pesquisa anterior do IPESPE, também sobre o Bicentenário da Independência, aplicada apenas no Brasil, em novembro de 2021. Quando questionados sobre o momento mais importante da história, 44% dos brasileiros mencionaram a Lei Áurea, de 1888, bem à frente dos 30% que citaram a Proclamação da Independência, em 1822.

São dois povos e duas nações amigas e irmãs. Uma relação registrada em discursos e cantada em prosas e versos, fato confirmado pelo estudo do IPESPE/Pitagórica. Porém, uma percepção totalmente diferente se dá no mundo dos negócios entre Brasil e Portugal. Atualmente, é mínimo e pouco diversificado o fluxo de comércio internacional entre os dois países.[4] Em 2020, essa relação comercial alcançou um montante próximo a US$ 2,5 bilhões. Os dados revelam um crescimento significativo dos fluxos comerciais nesse período. Em 2021, as transações entre Brasil e Portugal representaram 0,7% dos negócios internacionais

[4] Para um retrato atualizado, ver edição especial da *Revista Brasileira de Comércio Exterior*, publicada pela FUNCEX – edição n. 152, set. 2022. Disponível em: https://forumbrasileuropa.org/wp-content/uploads/2022/09/RBCE152_Especial.pdf. Acesso em: dez. 2023.

brasileiros. O Brasil vendeu mais do que comprou de Portugal. Houve crescimento tanto das exportações brasileiras para Portugal (67,2%) como das exportações portuguesas com destino ao Brasil (6,4%).

Em 2021, aproximadamente 81% dessas exportações compreenderam bens básicos e 19%, bens manufaturados. O percentual restante é relativo a bens semimanufaturados e demais produtos. No mesmo ano, 61,3% das importações pertenciam às três classes destacadas. Embora o percentual tenha se mantido próximo, as importações somaram um montante de US$ 526 milhões, o que representou uma elevação de quase 2.000% ao longo do período. Esse dado corrobora os esforços de ambas as partes pela manutenção e/ou expansão do comércio bilateral ao longo das décadas. Do comércio ao mercado de capitais, também é relativamente baixo o aporte realizado pelas empresas de cada país, nos dois sentidos.

Não há dúvidas de que há muito a avançar nos negócios e investimentos entre Brasil e Portugal. Em particular, se aquele tomar o país irmão como um parceiro estratégico para acessar e transacionar com o resto da Europa, nos dois sentidos de fluxos comerciais e de capitais. Os desafios da transição energética abrem oportunidades espetaculares, porque ambos os países já têm matrizes mais limpas que a média internacional e tendem a se tornar produtores e exportadores em larga escala de energias alternativas, sobretudo no caso do inovador hidrogênio verde.

O cenário da sociedade civil, por sua vez, se mostra em melhores condições. A comunidade brasileira em Portugal tem crescido e se diversificado, indo além de trabalhadores em busca de oportunidades e incluindo também personalidades do meio artístico, cultural, acadêmico, financeiro e de aposentados. A escolha por Portugal se dá pela hospitalidade, conforto e posição privilegiada como porta de entrada para a Europa. Há, nesse grupo, um crescente desejo de projetar a sociedade civil brasileira no continente europeu.

Enfim, são vários os fatores que conspiram para que Brasil e Portugal venham a estreitar ainda mais seus laços de amizade e parceria. Na sociedade e na economia moderna, cada vez mais globalizada, para se consolidar como nação realmente independente, é necessária uma grande integração aos valores, padrões de vida e de negócios e, sobretudo, aos compromissos com a sustentabilidade ambiental e social. Como já foi dito, raras são aquelas que podem se declarar, de fato, duas nações em harmonia!

2. 200 ANOS ANTES: CONHECIMENTO DO BICENTENÁRIO DA INDEPENDÊNCIA

2.1. Metade da população, em ambos os países, tem conhecimento sobre o Bicentenário da Independência

Passados 522 anos desde a chegada dos navegadores portugueses ao Brasil, somente metade da população em ambos os países demonstrou um nível ao menos razoável de informações a respeito das relações históricas entre as duas nações irmãs. Indagados, inicialmente, se teriam conhecimento de que em 2022 o Brasil estava completando 200 anos desde a Proclamação da Independência em relação a Portugal, metade dos entrevistados admitiram estar informados, enquanto a outra fatia, nos dois lados do Atlântico, revelou desconhecimento sobre o tema.

Embora a história registre o dia 7 de setembro como data oficial da Proclamação da Independência pelo príncipe regente Dom Pedro I, às margens do Rio Ipiranga, o processo que levou a esse desfecho teve início vários anos antes. Transformações políticas, econômicas e sociais na colônia foram deflagradas a partir da transferência da família real portuguesa para o Brasil, em 1808, provocada pela expansão do domínio napoleônico na Europa.

A mudança foi fundamental para impulsionar o processo, sobretudo porque, uma vez em solo brasileiro, o rei Dom João VI honrou o compromisso firmado com a Inglaterra – que se dispôs a defender Portugal das tropas de Napoleão e escoltar a Corte Portuguesa em sua viagem –, determinando a abertura dos portos em nível internacional. A iniciativa pôs fim ao monopólio comercial anteriormente imposto à colônia, permitindo o escoamento da produção agrícola para outros destinos e dando início a um período de prosperidade econômica até então inédito para as elites brasileiras.

Em 1815, Dom João VI extinguiu a condição de colônia ao inserir o Brasil no Reino Unido de Portugal e Algarve. A determinação impactou a política nacional e ajudou a consolidar um sentimento de brasilidade que contribuiria efetivamente para abrir caminho rumo à independência. No início de 1822, em meio à forte efervescência política, as cortes portuguesas exigiram a volta de Dom Pedro I a Portugal, em uma articulação para tentar frear a tendência separatista. A recusa do príncipe regente em atender ao chamado deflagrou de vez o processo de ruptura de laços.

De acordo com especialistas, a Proclamação da Independência deve ser vista como um acontecimento histórico de dimensões internacionais, estopim de um processo constitucional profundo, que garantiu a formação de uma sociedade local com reais noções de cidadania e liberdade política e a consolidação de uma identidade nacional brasileira.

É válido ressaltar, porém, que o presente estudo não teve como objetivo medir o grau de aprofundamento histórico dos entrevistados, e sim o nível de informação a respeito do transcurso do Bicentenário da Independência, em setembro de 2022. Em Portugal, 49% dos entrevistados se declararam cientes do marco comemorativo, contra 50% que admitiram desconhecer a data. E somente 1% dos entrevistados portugueses não soube ou se recusou a responder à questão. No Brasil, esses percentuais são similares: 48%, 51% e 2%, respectivamente.

SABIA QUE EM 2022 O BRASIL COMPLETARÁ 200 ANOS DA PROCLAMAÇÃO DA INDEPENDÊNCIA EM RELAÇÃO A PORTUGAL? (%) (ESTIMULADA)

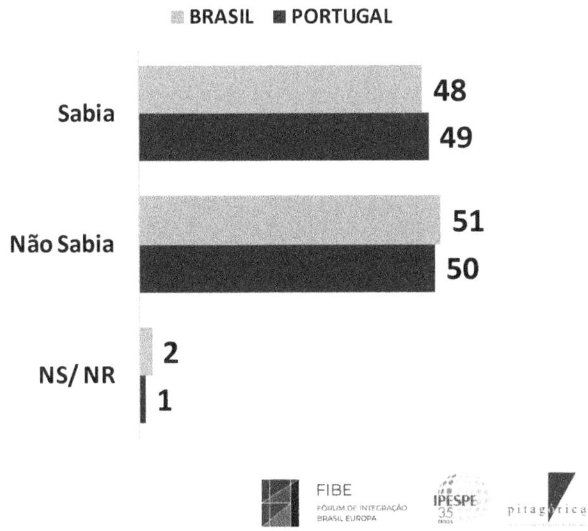

Um dado importante é que, em ambos os países, o índice de conhecimento sobre a data histórica do Bicentenário da Independência é significativamente menor entre as mulheres, entre os entrevistados mais jovens e junto àqueles com grau de escolaridade mais baixa. No Brasil, pelo menos 53% das participantes do sexo feminino admitiram ignorar o fato, contra 45% que responderam afirmativamente. Em Portugal, o percentual de desconhecimento entre as mulheres se revelou ainda maior, com 60% de respostas negativas, contra 39% que disseram ter informações sobre a data.

Em relação aos entrevistados portugueses da faixa mais jovem – com idades entre 18 e 34 anos –, a taxa de desconhecimento chega a 77%, contra 20% que disseram estar a par do acontecimento. Entre os mais jovens no Brasil, o percentual dos que ignoram a data é de 59%, contra 39% dos que se declaram cientes do fato. Quando se compara esses percentuais aos da faixa etária mais avançada – acima de 55 anos de idade –, as pontuações se invertem quase que proporcionalmente em ambos os países.

No recorte do grau de instrução, cerca de 60% dos brasileiros com ensino fundamental expressaram desconhecimento sobre a passagem do Bicentenário da Independência, contra 39% que conhecem. Em Portugal, esses números são de 54% dos que informaram não ter licenciatura completa, contra 45% que admitiram saber alguma coisa sobre o tema. Mais detalhes podem ser observados na tabela a seguir.

CONHECIMENTO DO BICENTENÁRIO DA INDEPENDÊNCIA

SABIA QUE EM 2022 O BRASIL COMPLETARÁ 200 ANOS DA PROCLAMAÇÃO DA INDEPENDÊNCIA EM RELAÇÃO A PORTUGAL? (ESTIMULADA – RESPOSTA ÚNICA)

BRASIL

(%)	TOTAL	SEXO		IDADE			INSTRUÇÃO			RENDA		
		M	F	18 A 34 ANOS	35 A 54 ANOS	55 E + ANOS	FUNDA-MENTAL	ENSINO MÉDIO	SUPE-RIOR	ATÉ 2 SM	+ DE 2-5 SM	+ DE 5 SM
Sabia	48	51	45	39	50	56	39	50	61	38	49	66
Não sabia	51	48	53	59	49	43	60	47	39	61	48	34
NS/NR	2	1	2	2	2	1	1	3	0	1	3	1

(%)	TOTAL	REGIÃO			
		NORTE / CENTRO-OESTE	NORDESTE	SUDESTE	SUL
Sabia	48	50	38	53	46
Não sabia	51	47	61	46	50
NS/NR	2	3	1	1	4

PORTUGAL

(%)	TOTAL	SEXO		IDADE			REGIÃO					INSTRUÇÃO	
		F	M	18 A 34 ANOS	35 A 54 ANOS	55 E + ANOS	SUL	CENTRO	AM LISBOA	NORTE	ILHAS	SEM LICENCIATURA	LICENCIATURA OU SUPERIOR
Sabia	49	39	60	20	42	68	54	47	50	48	50	45	54
Não sabia	50	60	39	77	56	32	44	52	49	51	50	54	45
NS/NR	1	0	2	2	1	0	2	1	0	1	0	1	1

PERGUNTA: Sabia que em 2022 o Brasil completará 200 anos da Proclamação da Independência em relação a Portugal?

2.2. As diferentes visões de cada povo sobre o país irmão

Transcorridos dois séculos desde o evento da Proclamação da Independência – registrado nos livros como um rompimento dos laços com os portugueses, declarado pelo imperador Dom Pedro I –, as percepções dos brasileiros sobre Portugal se referenciam, majoritariamente, no bom relacionamento histórico e econômico mantido entre os países. De fato, pouco tempo depois da independência as duas nações já articulavam um processo de reaproximação, movido sobretudo por interesses econômicos, mas também por questões sociais e até de afinidade. Ao longo do século 20, Portugal se tornou o principal ponto de entrada do Brasil na Europa, enquanto os portugueses passaram a investir mais em terras brasileiras.

Solicitados a mencionar, de maneira espontânea, referências sobre Portugal, 21% dos brasileiros citaram temas associados à história e/ou economia, como a colonização do país, a exploração de riquezas e a presença da família real portuguesa. Praticamente empatada vem uma segunda categoria de citações (19%), na qual Portugal é visto como um país que oferece oportunidades de trabalho e qualidade de vida.

Essa opinião converge com dados colhidos pelo Serviço de Estrangeiros e Fronteiras do Governo Português, que assinalam um crescimento exponencial do número de brasileiros optantes por morar em Portugal. Em 2016, por exemplo, foram registradas 81.251 migrações de brasileiros para aquele país, contingente que evoluiu para 211.958 pessoas em abril de 2022. Esse grupo, já consolidado como a maior comunidade estrangeira em Portugal, é formado na sua maioria por cidadãos brasileiros de classe média e inclui estudantes e profissionais de diversas áreas, como cientistas, acadêmicos, pesquisadores e profissionais liberais, além de micro, pequenos e médios empresários.

Na terceira posição no ranking de menções espontâneas dos brasileiros sobre Portugal surge a descrição desse país como destino turístico. Ao menos 16% dos entrevistados citaram as belezas locais e destacaram algumas das suas cidades, como a capital Lisboa e o Porto. A culinária portuguesa aparece na quarta colocação, com 11% das citações dos brasileiros, seguida de referências à cultura, com 6% das menções. Outros 26% dos entrevistados não souberam ou não quiseram opinar a respeito.

Já entre os portugueses, é como destino turístico que o Brasil mais se destaca. Dos 800 entrevistados na amostragem portuguesa, 37% mencionaram espontaneamente aspectos como o clima ameno, as belezas naturais do país e cidades turísticas como o Rio de Janeiro. O segundo conjunto de citações teve a cultura brasileira como elemento mais lembrado. Temas como samba, futebol e Carnaval foram apontados por 15% dos portugueses.

Um terceiro agrupamento de associações, feitas por 7% dos entrevistados, trouxe à memória alguns dos principais problemas do Brasil, notadamente a violência e a criminalidade. Com cerca de 3% das menções, foram citadas também pelos portugueses questões relacionadas à instabilidade das conjunturas política e econômica do Brasil e ao alto nível de corrupção. Outros 4% dos entrevistados destacaram, de maneira espontânea, a relação histórica e fraterna entre os dois países.

O estudo registrou, ainda, uma variedade de citações não agregadas, que somaram 17%. Outros 16% dos entrevistados portugueses não souberam opinar ou não quiseram revelar a imagem que têm do Brasil.

PORTUGAL PELOS BRASILEIROS (%)
(ESPONTÂNEA - RESPOSTA ÚNICA)

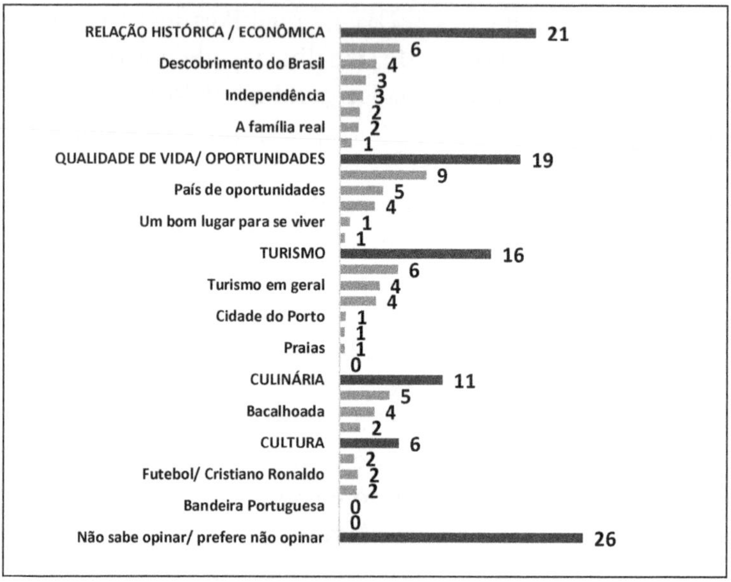

O BRASIL PELOS PORTUGUESES (%)
(ESPONTÂNEA - RESPOSTA ÚNICA)

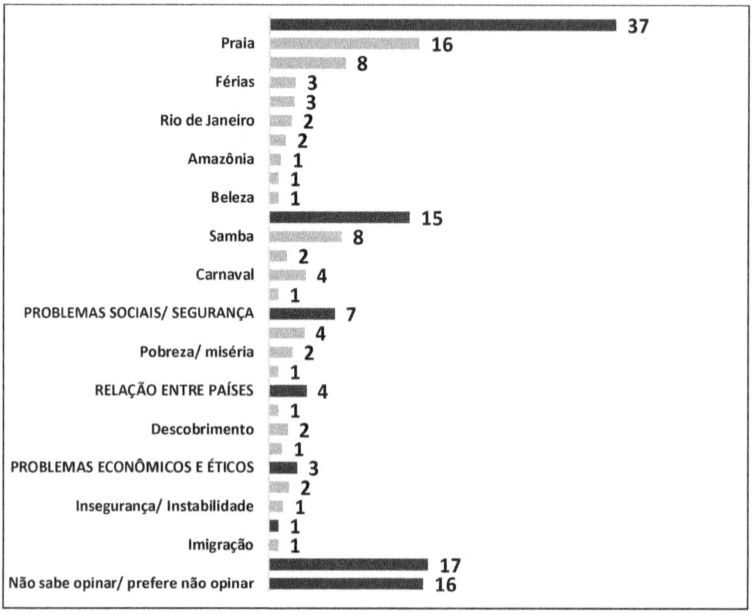

Sob estímulo de uma lista contendo cinco opções de resposta, a imagem do Brasil para 53% dos portugueses se traduz como destino turístico; destaque também para o conceito de país irmão (32%); e demais menções abaixo de dois dígitos. Já para 61% dos brasileiros, Portugal se destaca como um país com mais oportunidades para melhorar de vida; seguem-se as citações a destino turístico (12%) e país irmão (10%).

COMO OS BRASILEIROS VEEM PORTUGAL

(ESTIMULADA – RESPOSTA ÚNICA)

(%)	TOTAL	SEXO		IDADE			INSTRUÇÃO			RENDA		
		M	F	18 A 34 ANOS	35 A 54 ANOS	55 ANOS OU MAIS	FUNDA-MENTAL	ENSINO MÉDIO	SUPE-RIOR	ATÉ 2 SM	+ DE 2-5 SM	+ DE 5 SM
Um país com oportunidades de melhorar de vida	61	60	62	66	58	59	69	58	47	68	59	51
Um destino turístico	12	9	16	13	13	10	9	14	17	9	13	20
Um país irmão	10	12	9	8	11	12	11	10	9	12	10	6
Um parceiro comercial	8	13	5	5	10	10	5	11	12	7	8	12
Um bom local para morar	6	5	7	5	5	8	4	5	13	3	7	11
Outro/ Nenhum desses	1	1	1	1	2		1	2	0	1	2	1
Não sabe opinar/ Prefere não opinar	1	1	1	2		1	1	1	2	1	2	0

(%)	TOTAL	REGIÃO			
		NORTE / CENTRO-OESTE	NORDESTE	SUDESTE	SUL
Um país com oportunidades de melhorar de vida	61	67	75	55	49
Um destino turístico	12	8	0	17	25
Um país irmão	10	5	14	10	10
Um parceiro comercial	8	14	12	6	3
Um bom local para morar	6	3	0	10	9
Outro/ Nenhum desses	1	2	0	1	2
Não sabe opinar/ Prefere não opinar	1	1	0	2	2

COMO OS PORTUGUESES VEEM O BRASIL

(ESTIMULADA – RESPOSTA ÚNICA)

(%)	TOTAL	SEXO		IDADE			REGIÃO					INSTRUÇÃO	
		F	M	ENTRE 18 A 34 ANOS	ENTRE 35 A 54 ANOS	55 E + ANOS	SUL	CENTRO	AM LISBOA	NORTE	ILHAS	SEM LICENCIATURA	LICENCIATURA OU SUPERIOR
Um destino turístico	53	58	48	56	57	49	51	56	50	57	41	54	52
Um país irmão	32	28	36	28	28	36	29	31	30	33	39	31	33
Um país com oportunidades de melhorar de vida	5	6	4	5	5	6	4	4	6	5	14	6	5
Um parceiro comercial	3	2	3	2	3	3	4	2	3	2	5	2	3
Um bom local para morar	2	1	2	1	1	3	4	2	2	1	0	2	1
Outro/ Nenhum desses	1	1	2	3	1	1	2	1	3	0	2	1	2
Não sabe opinar/ Prefere não opinar	3	3	4	5	4	2	7	3	4	2	0	3	4

PERGUNTA: Na sua opinião os portugueses veem o Brasil mais como:

FIBE FÓRUM DE INTEGRAÇÃO BRASIL EUROPA · IPESPE 35 · pitagórica

2.3. Percepção de que a escravidão negra e indígena no período colonial tem consequências sobre o preconceito e a violência nos dias atuais

A história relata que durante os trabalhos de elaboração da primeira Constituição do Brasil, outorgada em 1824, o patriarca José Bonifácio de Andrada e Silva defendeu a inserção de dispositivos que previam a abolição da escravatura, juntamente com outras propostas que, na época, foram consideradas excessivamente progressistas – como preservação das florestas, proteção aos indígenas e implantação de escolas, faculdades e imprensa – e terminaram excluídas do texto.

As ideias abolicionistas, porém, começaram a ganhar corpo a partir de então, contribuindo para a aprovação de instrumentos como a Lei Eusébio de Queirós – que impediu a entrada de mais escravos no País a partir de 1850 – e as leis do Ventre Livre (1871), que libertou filhos e filhas de escravas, e dos Sexagenários (1885), alforriando escravos com mais de 60 anos de idade. Em 1888, por fim, a Câmara Geral e o Senado Imperial aprovaram a Lei Áurea, sancionada pela princesa Isabel no dia 13 de maio daquele ano. A medida fez do Brasil o último país no Ocidente a abolir oficialmente a escravidão.

Sobre essa temática, a grande maioria dos brasileiros e mais da metade dos portugueses entrevistados neste estudo consideram que as consequências provocadas pela prática da escravidão da população negra e indígena durante o período da colonização ainda podem ser sentidas no presente. Ressalte-se que, na época da Proclamação da Independência, o Brasil contabilizava pouco menos de cinco milhões de habitantes e cerca de um terço desse número era composto por escravos. Desse grande contingente resultaria, anos depois, o perfil majoritariamente mestiço do povo brasileiro, descendente direto daquela população.

O levantamento revelou que 75% dos entrevistados no Brasil acreditam que a prática da escravidão ainda exerce influência sobre a sociedade nos dias atuais, contra 20% que discordam e preferem afirmar que essa questão ficou no passado. Em todos os estratos socioeconômicos esse percentual está acima de 70%, com ênfase nas mulheres, nas camadas mais jovens e na base e no topo da pirâmide educacional.

Em Portugal, embora elevado, é menor o percentual dos que enxergam nos dias de hoje reflexos do regime escravagista do período colonial (58%), contra 33% que avaliam se tratar de um tema que ficou no passado. Todavia, quando analisados alguns recortes estratificados, os números se mostraram um pouco mais altos, superando o patamar dos 60%, como no contingente mais jovem (64%), entre as mulheres (63%), entre aqueles com curso de licenciatura ou superior (60%), e em meio aos habitantes da região central daquele país (61%), conforme dados expostos nas tabelas a seguir.

CONSEQUÊNCIAS DA ESCRAVIDÃO DE NEGROS E INDÍGENAS NO PERÍODO DA COLONIZAÇÃO SOBRE O PRECONCEITO E A VIOLÊNCIA HOJE

BRASIL (ESTIMULADA - RESPOSTA ÚNICA)

(%)	TOTAL	SEXO		IDADE			INSTRUÇÃO			RENDA		
		M	F	18 A 34 ANOS	35 A 54 ANOS	55 ANOS OU MAIS	FUNDAMENTAL	ENSINO MÉDIO	SUPERIOR	ATÉ 2 SM	+ DE 2-5 SM	+ DE 5 SM
Se sentem até hoje no preconceito e violência contra negros e indígenas	75	71	78	78	75	70	77	71	78	77	71	77
Essas consequências ficaram no passado	20	24	17	16	21	24	16	24	18	19	22	20
Não sabe opinar/ Prefere não opinar	5	6	5	6	4	6	6	5	4	5	7	3

(%)	TOTAL	REGIÃO			
		NORTE / CENTRO-OESTE	NORDESTE	SUDESTE	SUL
Se sentem até hoje no preconceito e violência contra negros e indígenas	75	81	74	76	68
Essas consequências ficaram no passado	20	16	20	21	21
Não sabe opinar/ Prefere não opinar	5	3	6	3	11

PORTUGAL

(%)	TOTAL	SEXO		IDADE			REGIÃO					INSTRUÇÃO	
		F	M	ENTRE 18 A 34 ANOS	ENTRE 35 A 54 ANOS	55 E + ANOS	SUL	CENTRO	AM LISBOA	NORTE	ILHAS	SEM LICENCIATURA	LICENCIATURA OU SUPERIOR
Se sentem até hoje no preconceito e violência contra negros e indígenas	58	63	53	64	55	58	58	61	58	58	55	57	60
Essas consequências ficaram no passado	33	29	39	24	36	36	36	32	32	34	36	34	33
Não sabe opinar/ Prefere não opinar	8	8	8	12	9	6	6	7	10	8	9	9	8

PERGUNTA: Na sua opinião as consequências da escravidão de negros e indígenas no período da colonização se sentem até hoje no preconceito e violência contra eles ou essas consequências ficaram no passado?

FIBE FÓRUM DE INTEGRAÇÃO BRASIL EUROPA · IPESPE 35 anos · pitagórica

3. 200 ANOS HOJE: REFERÊNCIAS E INTEGRAÇÃO ENTRE BRASIL E PORTUGAL

3.1. Elevada taxa de conhecimento recíproco dos dois países

Atualmente, a maioria da população em Portugal e no Brasil se considera bem-informada ou ao menos possuidora de um nível razoável de conhecimento sobre o país irmão. A parcela de portugueses que se diz bem ou mais ou menos informada sobre o Brasil chega a 81%. Já entre os brasileiros, 69% alegam ter bom nível de conhecimento (bem e mais ou menos) a respeito de Portugal.

O processo de globalização e a ampliação do acesso à internet e às novas tecnologias de informação nos últimos anos – sobretudo com a popularização das redes sociais – facilitaram o alcance a informações sobre acontecimentos mundiais, o que pode explicar o alto nível de conhecimento sobre os dois países apontado pelo levantamento. Essa ampliação da disponibilidade das fontes de informação é, em parte, responsável pelo aumento das migrações e dos intercâmbios acadêmicos e, principalmente, pelo estímulo à economia e à realização de novos negócios entre Portugal e Brasil.

No sentido inverso, o grau de desconhecimento sobre o Brasil entre os portugueses se revelou menor, totalizando 16% dos entrevistados. Já o percentual de brasileiros que admitem ser mal-informados ou nada informados sobre Portugal é de 28%. Estes brasileiros estão concentrados na maior faixa etária, nas camadas de menor escolaridade e menor renda e entre os que residem nas regiões Nordeste e Sul do País. Já entre os portugueses, os que declaram maior desconhecimento sobre o Brasil pertencem aos segmentos mais jovens e são residentes das regiões Sul e Central de Portugal. Os dados estratificados estão especificados nas tabelas a seguir.

NÍVEL DE INFORMAÇÃO DOS BRASILEIROS SOBRE PORTUGAL

(ESTIMULADA - RESPOSTA ÚNICA)

(%)	TOTAL	SEXO		IDADE			INSTRUÇÃO			RENDA		
		M	F	18 A 34 ANOS	35 A 54 ANOS	55 ANOS OU MAIS	FUNDAMENTAL	ENSINO MÉDIO	SUPERIOR	ATÉ 2 SM	+ DE 2-5 SM	+ DE 5 SM
Bem informado	12	13	11	12	12	10	12	9	17	10	9	20
Mais ou menos informado	57	56	58	58	58	55	51	61	62	54	59	59
Mal informado	16	16	17	18	15	17	16	18	15	18	16	13
Nada informado	12	13	12	10	13	15	19	9	6	16	10	8
Não sabe opinar/ Prefere não opinar	3	2	3	3	2	3	3	3	0	2	5	0

(%)	TOTAL	REGIÃO			
		NORTE / CENTRO-OESTE	NORDESTE	SUDESTE	SUL
Bem informado	12	13	10	14	7
Mais ou menos informado	57	55	51	61	58
Mal informado	16	17	17	16	16
Nada informado	12	11	17	9	15
Não sabe opinar/ Prefere não opinar	3	3	4	1	3

PERGUNTA: O(a) Sr(a) se considera bem informado sobre Portugal e os portugueses, mais ou menos informado, mal informado ou nada informado?

NÍVEL DE INFORMAÇÃO DOS PORTUGUESES SOBRE O BRASIL

(ESTIMULADA - RESPOSTA ÚNICA)

(%)	TOTAL	SEXO		IDADE			REGIÃO					INSTRUÇÃO	
		F	M	ENTRE 18 A 34 ANOS	ENTRE 35 A 54 ANOS	55 E + ANOS	SUL	CENTRO	AM LISBOA	NORTE	ILHAS	SEM LICENCIATURA	LICENCIATURA OU SUPERIOR
Bem informado	15	14	17	18	17	13	16	13	16	17	9	11	20
Mais ou menos informado	66	66	67	56	66	72	60	65	69	67	70	69	63
Mal informado	13	14	13	17	12	12	13	18	9	13	18	14	12
Nada informado	3	5	2	6	4	1	9	2	4	2	0	3	3
Não sabe opinar/ Prefere não opinar	2	1	2	2	1	2	1	2	1	1	2	2	1

PERGUNTA: O(a) Sr(a) se considera bem informado sobre o Brasil e os brasileiros, mais ou menos informado, mal informado ou nada informado?

3.2. Divergência de opinião sobre a qualidade de moradia em cada país

Dentro do espectro de intercâmbio e integração, foi possível verificar que 13% dos brasileiros entrevistados já estiveram ao menos uma vez em Portugal. Aqueles com níveis de escolaridade e de renda mais altos estão entre os principais visitantes do país europeu, com percentuais que ultrapassam 20%. Por sua vez, 27% dos portugueses afirmaram já ter estado no Brasil, sendo que entre os mais velhos, os mais instruídos e os residentes na Área Metropolitana de Lisboa esse percentual de visitantes supera a casa dos 30%.

É consolidada entre os brasileiros a percepção de Portugal como um país muito bom ou bom para se viver, de acordo com 84% dos entrevistados. Contrariamente, predomina entre os portugueses uma visão negativa do Brasil como local para moradia: cerca de seis em cada dez entrevistados (64%) acreditam que o país é ruim ou muito ruim para se morar. Os números registrados confirmam o fluxo migratório bem maior de brasileiros para Portugal, conforme tabelas a seguir.

Ao participar de recente debate sobre o Bicentenário da Independência, em Lisboa, o presidente de Portugal, Marcelo Rebelo de Sousa, afirmou que as migrações ocorrem, sobretudo, porque os povos fazem suas opções antes mesmo de os governantes e líderes políticos e empresariais tomarem suas decisões. Em Portugal, hoje, vivem mais de 200 mil brasileiros de diferentes classes sociais, oriundos de vários estados. Trata-se de um contingente elevado, considerando-se uma população total de aproximadamente 10 milhões no país. Essa migração, na avaliação de Rebelo de Sousa, tem contribuído efetivamente para transformar o retrato social de algumas cidades lusitanas.

INTERCÂMBIO ENTRE PORTUGAL E BRASIL

(ESTIMULADA - RESPOSTA ÚNICA)

BRASIL

(%)	TOTAL	SEXO		IDADE			INSTRUÇÃO			RENDA		
		M	F	18 A 34 ANOS	35 A 54 ANOS	55 ANOS OU MAIS	FUNDAMENTAL	ENSINO MÉDIO	SUPERIOR	ATÉ 2 SM	+ DE 2-5 SM	+ DE 5 SM
Sim, uma vez	9	7	10	9	8	10	7	7	17	4	8	18
Sim, mais de uma vez	4	3	4	3	4	5	3	3	7	3	2	8
Não viajou/ não respondeu	88	89	86	88	89	85	90	90	76	93	89	74

(%)	TOTAL	REGIÃO			
		NORTE / CENTRO-OESTE	NORDESTE	SUDESTE	SUL
Sim, uma vez	9	7	3	13	7
Sim, mais de uma vez	4	7	1	4	3
Não viajou/ não respondeu	88	87	96	83	89

PORTUGAL

(%)	TOTAL	SEXO		IDADE			REGIÃO					INSTRUÇÃO	
		F	M	ENTRE 18 A 34 ANOS	ENTRE 35 A 54 ANOS	55 E + ANOS	SUL	CENTRO	AM LISBOA	NORTE	ILHAS	SEM LICENCIATURA	LICENCIATURA OU SUPERIOR
Sim, uma vez	13	13	13	8	15	14	12	10	15	14	7	9	18
Sim, mais de uma vez	14	11	12	4	10	18	12	9	15	13	9	9	16
Não viajou/ não respondeu	74	76	75	88	74	68	76	81	70	72	84	82	66

PERGUNTA: Já viajou para Portugal ou não? Se sim, uma vez ou mais de uma vez?

PERGUNTA: Já viajou para o Brasil? Se sim, uma vez ou mais de uma vez?

PERCEPÇÃO DOS BRASILEIROS SOBRE MORAR EM PORTUGAL

(ESTIMULADA – RESPOSTA ÚNICA)

(%)	TOTAL	SEXO		IDADE			INSTRUÇÃO			RENDA		
		M	F	18 A 34 ANOS	35 A 54 ANOS	55 ANOS OU MAIS	FUNDA-MENTAL	ENSINO MÉDIO	SUPE-RIOR	ATÉ 2 SM	+ DE 2-5 SM	+ DE 5 SM
Muito bom para se morar	35	35	35	33	38	34	33	36	37	32	36	40
Bom	49	49	49	51	49	47	49	49	49	51	47	48
Ruim	3	3	3	3	2	4	3	3	2	3	4	2
Muito ruim para se morar	1	2	1	1	1	2	1	1	2	1	1	3
Nem bom nem ruim	6	6	7	8	5	6	8	5	6	7	5	5
Não sabe opinar/prefere não opinar	6	6	5	5	5	7	6	6	4	5	8	3

(%)	TOTAL	REGIÃO			
		NORTE / CENTRO-OESTE	NORDESTE	SUDESTE	SUL
Muito bom para se morar	35	25	29	40	43
Bom	49	48	54	49	41
Ruim	3	6	3	3	1
Muito ruim para se morar	1	4	1	1	0
Nem bom nem ruim	6	8	6	5	7
Não sabe opinar/prefere não opinar	6	8	7	3	9

PERGUNTA: Pelo que o(a) Sr(a) ouve falar, Portugal é um país muito bom para se morar, bom, ruim ou muito ruim para se morar?

FIBE FÓRUM DE INTEGRAÇÃO BRASIL EUROPA · IPESPE 35 anos · pitagórica

PERCEPÇÃO DOS PORTUGUESES SOBRE MORAR NO BRASIL

(ESTIMULADA – RESPOSTA ÚNICA)

(%)	TOTAL	SEXO		IDADE			REGIÃO					INSTRUÇÃO	
		F	M	ENTRE 18 A 34 ANOS	ENTRE 35 A 54 ANOS	55 E + ANOS	SUL	CENTRO	AM LISBOA	NORTE	ILHAS	SEM LICENCIATURA	LICENCIATURA OU SUPERIOR
Muito bom para se morar	1	1	1	0	1	2	0	1	1	2	0	1	1
Bom	11	9	13	8	7	15	5	14	10	11	16	11	11
Ruim	34	34	34	34	34	34	31	37	36	33	27	32	36
Muito ruim para se morar	30	31	29	35	35	24	34	26	30	33	25	29	32
Nem bom nem ruim	19	21	18	15	20	21	25	18	19	17	30	22	16
Não sabe opinar/prefere não opinar	4	4	4	8	3	4	6	5	4	4	2	5	3

PERGUNTA: Pelo que o(a) Sr(a) ouve falar, o Brasil é um país muito bom para se morar, bom, ruim ou muito ruim para se morar?

FIBE FÓRUM DE INTEGRAÇÃO BRASIL EUROPA · IPESPE 35 anos · pitagórica

3.3. Quais as características mais positivas de brasileiros e portugueses?

Com relação às principais características que marcam o povo brasileiro, a opinião dos portugueses é mais positiva que em relação às condições de moradia no País. Para eles, destacam-se, com menções acima de 30%, a alegria, a religiosidade e a criatividade dos brasileiros. Já na percepção dos entrevistados no Brasil, os portugueses são principalmente disciplinados, trabalhadores e conservadores.

CARACTERÍSTICAS MAIS POSITIVAS DE PORTUGUESES, SEGUNDO OS BRASILEIROS

TOTAL DE MENÇÕES
(ESTIMULADA – RESPOSTA MÚLTIPLA)

(%)	TOTAL	SEXO		IDADE			INSTRUÇÃO			RENDA		
		M	F	18 A 34 ANOS	35 A 54 ANOS	55 ANOS OU MAIS	FUNDAMENTAL	ENSINO MÉDIO	SUPERIOR	ATÉ 2 SM	+ DE 2-5 SM	+ DE 5 SM
Senso de disciplina	34	33	35	36	36	28	31	33	41	33	32	39
Força de trabalho	32	29	34	31	33	31	31	32	35	29	32	39
Conservadorismo	32	30	33	25	36	35	27	33	41	26	34	39
Religiosidade e Fé	29	30	29	22	32	35	24	32	35	25	31	35
Sinceridade e Franqueza	25	25	26	27	27	21	20	28	30	24	26	29
Alegria	23	24	21	19	24	25	25	21	20	26	18	23
Modernidade	22	23	21	23	21	21	23	23	14	21	22	21
Criatividade	18	18	17	23	16	13	17	18	17	18	19	15
Solidariedade	17	17	17	18	14	21	17	18	14	19	15	16
Outra/ Nenhuma dessas	3	3	4	4	3	2	5	2	3	4	2	3
Não sabe/ Prefere não opinar	10	9	11	14	9	8	13	9	7	10	13	5

(%)	TOTAL	REGIÃO			
		NORTE / CENTRO-OESTE	NORDESTE	SUDESTE	SUL
Senso de disciplina	34	35	22	42	28
Força de trabalho	32	32	26	37	29
Conservadorismo	32	33	28	35	28
Religiosidade e Fé	29	25	24	32	33
Sinceridade e Franqueza	25	21	14	33	29
Alegria	23	23	27	20	22
Modernidade	22	18	20	23	24
Criatividade	18	20	14	19	19
Solidariedade	17	17	16	15	23
Outra/ Nenhuma dessas	3	6	3	3	2
Não sabe/ Prefere não opinar	10	11	15	7	12

PERGUNTA: Na sua opinião, quais dessas características identificam mais positivamente os portugueses?

FIBE FÓRUM DE INTEGRAÇÃO BRASIL EUROPA — IPESPE 35 anos — pitagórica

CARACTERÍSTICAS MAIS POSITIVAS DOS BRASILEIROS, SEGUNDO OS PORTUGUESES

TOTAL DE MENÇÕES
(ESTIMULADA – RESPOSTA MÚLTIPLA)

(%)	TOTAL	SEXO		IDADE			REGIÃO					INSTRUÇÃO	
		F	M	ENTRE 18 A 34 ANOS	ENTRE 35 A 54 ANOS	55 E + ANOS	SUL	CENTRO	AM LISBOA	NORTE	ILHAS	SEM LICENCIATURA	LICENCIATURA OU SUPERIOR
Alegria	87	89	86	78	88	91	88	86	88	87	91	87	88
Religiosidade e Fé	67	65	68	58	69	69	68	62	65	70	70	68	66
Criatividade	42	39	45	41	42	42	40	39	43	42	41	38	46
Força de trabalho	18	22	15	24	14	19	15	18	26	13	23	20	16
Solidariedade	17	17	17	16	20	15	16	15	18	17	23	17	17
Sinceridade e Franqueza	16	17	14	24	14	12	16	21	13	15	11	14	18
Modernidade	12	13	10	14	9	12	13	12	7	13	16	13	10
Conservadorismo	8	7	9	6	7	9	4	7	10	8	7	8	8
Sentido de disciplina	2	3	1	4	2	2	1	5	2	1	2	3	2
Outra. Qual?	3	2	4	1	3	5	4	3	3	4	0	2	5
Não sabe / Não responde	4	4	5	8	4	3	5	4	4	5	2	4	4

PERGUNTA: Na sua opinião, quais dessas características identificam mais positivamente os brasileiros?

FIBE FÓRUM DE INTEGRAÇÃO BRASIL EUROPA — IPESPE 35 anos — pitagórica

Em um espectro mais amplo, o estudo constatou um alto nível de concordância com o conceito de país irmão por parte dos dois povos: em todos os estratos sociodemográficos ambos identificam as nações dessa forma, seja por ligações históricas, seja por heranças culturais. Essa é a visão de 72% dos brasileiros e de 80% dos portugueses consultados, conforme registram os números expostos a seguir.

CONCORDÂNCIA: BRASIL E PORTUGAL SÃO PAÍSES IRMÃOS, POR SUA LIGAÇÃO HISTÓRICA E HERANÇAS CULTURAIS

BRASIL (ESTIMULADA - RESPOSTA ÚNICA)

(%)	TOTAL	SEXO		IDADE			INSTRUÇÃO			RENDA		
		M	F	18 A 34 ANOS	35 A 54 ANOS	55 ANOS OU MAIS	FUNDA-MENTAL	ENSINO MÉDIO	SUPE-RIOR	ATÉ 2 SM	+ DE 2-5 SM	+ DE 5 SM
Concorda	72	74	70	69	73	74	73	70	72	75	69	70
Discorda	23	22	23	23	22	23	20	24	25	20	23	28
Não sabe/ Prefere não opinar	6	4	7	8	5	3	7	6	3	5	8	3

(%)	TOTAL	REGIÃO			
		NORTE / CENTRO-OESTE	NORDESTE	SUDESTE	SUL
Concorda	72	66	71	73	76
Discorda	23	29	24	21	19
Não sabe/ Prefere não opinar	6	6	5	6	5

PORTUGAL

(%)	TOTAL	SEXO		IDADE			REGIÃO					INSTRUÇÃO	
		F	M	ENTRE 18 A 34 ANOS	ENTRE 35 A 54 ANOS	55 E + ANOS	SUL	CENTRO	AM LISBOA	NORTE	ILHAS	SEM LICENCIATURA	LICENCIATURA OU SUPERIOR
Concorda	80	81	79	78	80	81	81	80	81	78	89	80	80
Discorda	16	15	18	17	15	17	16	17	16	17	9	16	17
Não sabe/ não respondeu	3	4	3	5	5	1	2	3	3	5	2	4	3

PERGUNTA: Algumas pessoas definem Brasil e Portugal como países irmãos, dadas a sua ligação histórica e as heranças culturais. O(a) Sr(a) concorda ou discorda?

FIBE FÓRUM DE INTEGRAÇÃO BRASIL EUROPA — IPESPE 35 anos — pitagórica

3.4. A língua e a culinária são os principais sinais da influência cultural de Portugal na vida dos brasileiros

Os dois povos também partilham majoritariamente a mesma opinião quando o assunto é a influência cultural exercida por Portugal na vida dos brasileiros. Para 54% dos brasileiros, a língua é o principal sinal dessa ingerência, enquanto entre os portugueses o percentual sobe para 82%.

A culinária é outro fator de manifestação cultural lusitana mencionada em ambos os países. Para 62% dos portugueses, trata-se de um elemento significativo, tese reiterada por 57% dos brasileiros. As semelhanças de opinião também ocorrem no campo da religiosidade e das crenças, onde 51% dos portugueses reconhecem sua forte influência e 42% dos brasileiros concordam. Outros elementos da cultura se sucedem nas citações, como música, dança, artes, folclore e festas populares, além de arquitetura e construção, conforme dados contidos nas tabelas a seguir.

OS PRINCIPAIS SINAIS DA INFLUÊNCIA CULTURAL DE PORTUGAL NA VIDA DOS BRASILEIROS, SEGUNDO OS BRASILEIROS

TOTAL DE MENÇÕES
(ESTIMULADA – RESPOSTA MÚLTIPLA)

(%)	TOTAL	SEXO		IDADE			INSTRUÇÃO			RENDA		
		M	F	18 A 34 ANOS	35 A 54 ANOS	55 ANOS OU MAIS	FUNDAMENTAL	ENSINO MÉDIO	SUPERIOR	ATÉ 2 SM	+ DE 2-5 SM	+ DE 5 SM
Culinária ou gastronomia	57	51	63	56	60	54	57	55	63	55	59	57
Língua	54	54	55	55	56	50	46	57	69	45	59	67
Religião e crenças	42	42	42	39	46	39	37	44	49	38	43	47
Música, dança, artes e folclore	30	30	30	31	25	36	33	30	24	36	25	27
Arquitetura e construção	30	31	28	30	31	27	27	30	36	24	31	37
Festas populares, como Carnaval e São João	23	23	23	22	24	23	23	24	23	26	19	24
Vestuário	10	10	11	11	9	12	14	9	5	14	9	6
Outro/ Nenhum desses	2	1	2	2	2	2	2	2	1	1	3	1
Não sabe/Prefere não opinar	6	7	5	8	4	6	7	6	3	6	7	3

(%)	TOTAL	REGIÃO			
		NORTE / CENTRO-OESTE	NORDESTE	SUDESTE	SUL
Culinária ou gastronomia	57	56	52	60	60
Língua	54	45	39	66	58
Religião e crenças	42	43	35	47	39
Música, dança, artes e folclore	30	28	27	32	31
Arquitetura e construção	30	36	26	31	24
Festas populares, como Carnaval e São João	23	21	27	22	22
Vestuário	10	8	18	6	11
Outro/ Nenhum desses	2	5	2	1	2
Não sabe/ Prefere não opinar	6	4	7	5	9

PERGUNTA: Pelo que sabe ou ouve falar, quais desses que vou falar são os principais sinais da influência cultural de Portugal na vida dos brasileiros?

FIBE FÓRUM DE INTEGRAÇÃO BRASIL EUROPA · IPESPE 35 ANOS · pitagórica

OS PRINCIPAIS SINAIS DA INFLUÊNCIA CULTURAL DE PORTUGAL NA VIDA DOS BRASILEIROS, SEGUNDO OS PORTUGUESES

TOTAL DE MENÇÕES
(ESTIMULADA – RESPOSTA MÚLTIPLA)

(%)	TOTAL	SEXO		IDADE			REGIÃO					INSTRUÇÃO	
		F	M	ENTRE 18 A 34 ANOS	ENTRE 35 A 54 ANOS	55 E + ANOS	SUL	CENTRO	AM LISBOA	NORTE	ILHAS	SEM LICENCIATURA	LICENCIATURA OU SUPERIOR
Língua	82	82	82	75	86	83	79	81	84	83	80	77	89
Religião e crenças	51	48	54	54	55	46	35	54	50	55	52	50	52
Festas populares, como Carnaval e São João	45	46	43	46	37	50	42	38	50	46	45	47	42
Culinária ou gastronomia	30	29	32	29	31	30	33	34	29	29	32	31	29
Arquitetura e construção	30	32	29	21	32	33	36	33	34	26	23	26	36
Música, dança, artes e folclore	27	31	22	23	26	29	29	22	25	29	30	32	20
Vestuário	7	7	7	10	6	6	8	8	7	6	9	8	6
Outras	1	1	2	1	1	1	1	1	2	1	0	2	1
Não sabe/ Prefere não opinar	4	4	5	9	4	2	6	5	2	5	5	5	3

PERGUNTA: Pelo que sabe ou ouve falar, quais desses que vou falar são os principais sinais da influência cultural de Portugal na vida dos brasileiros?

FIBE FÓRUM DE INTEGRAÇÃO BRASIL EUROPA · IPESPE 35 ANOS · pitagórica

E já que o tema da gastronomia se destaca entre as influências culturais portuguesas sobre o Brasil, em resposta espontânea os entrevistados de ambos os países indicaram elementos da culinária brasileira que acreditam ter origem ou influência de Portugal. Pratos à base de bacalhau foram mencionados por 29% dos brasileiros, ao passo que a feijoada e o feijão preto aparecem nas respostas de 21% dos portugueses como uma influência que legaram ao Brasil.

Segundo o folclore brasileiro, a feijoada teria sido criada nos tempos coloniais pelos escravos, que aproveitavam as "sobras" de comida da casa grande, incluindo partes descartadas do porco como pés, orelhas e rabo. Especialistas em culinária luso-brasileira, porém, rechaçam essa explicação argumentando que naquele período da história essas partes do animal não eram consideradas menos nobres, sendo inclusive vistas como iguarias. Até porque a carne, de uma forma geral, não era um alimento comum, mesmo na mesa dos senhores de escravos.

A teoria mais provável, de acordo com os estudiosos da gastronomia, é que a feijoada brasileira tenha sido adaptada do cozido português, que em algumas regiões era feito com a adição de feijões brancos ou vermelhos. Na Europa da época já existiam registros de outros pratos semelhantes preparados com carnes e grãos, como o cassoulet francês de feijão branco e pato, a paella espanhola – com arroz, carnes e frutos do mar – e a casuela italiana, sopa que leva peixes e massa de trigo.

Curiosamente, apenas 4% dos entrevistados em Portugal mencionaram os pratos com bacalhau (e somente 2% citaram o bolinho do peixe) como influenciadores da cozinha brasileira. Já no Brasil, outra curiosidade: 12% dos entrevistados mencionaram massas e pães em geral como alimentos originários ou de influência portuguesa. Segue o "cardápio" apontado nas tabelas seguintes.

PRATOS DA CULINÁRIA BRASILEIRA ORIGINÁRIOS OU COM INFLUÊNCIA PORTUGUESA

BRASIL (ESPONTÂNEA – RESPOSTA MÚLTIPLA)

(%)	TOTAL	SEXO		IDADE			INSTRUÇÃO			RENDA		
		M	F	18 A 34 ANOS	35 A 54 ANOS	55 ANOS OU MAIS	FUNDAMENTAL	ENSINO MÉDIO	SUPERIOR	ATÉ 2 SM	+ DE 2-5 SM	+ DE 5 SM
Pratos típicos com bacalhau: Bacalhoada e bolinho de bacalhau	29	24	33	23	35	28	21	31	43	17	36	42
Massas: Macarronada, pizza, pães em geral, pão de queijo, outras massas	12	10	13	12	12	9	13	10	10	15	7	11
Doces e sobremesas: Arroz doce, quindim, queijadinha, bolo, broa de fubá e outros doces	9	7	10	8	11	7	7	8	16	4	11	15
Pastel de Belém	8	7	9	8	10	4	6	7	13	5	8	13
Demais peixes: Sardinha frita e outros peixes	4	5	4	4	4	5	2	4	10	2	5	8
Feijoada	4	4	4	4	4	3	2	6	4	3	4	5
Caldo Verde	2	1	2	2	1	1	1	1	3	1	2	2
Outros	3	4	2	1	3	4	2	3	6	1	5	4
Não sabe/ prefere não opinar	46	53	40	49	39	52	55	45	24	60	40	27

(%)	TOTAL	REGIÃO			
		NORTE / CENTRO-OESTE	NORDESTE	SUDESTE	SUL
Pratos típicos com bacalhau: Bacalhoada e bolinho de bacalhau	29	31	12	39	28
Massas: Macarronada, pizza, pães em geral, pão de queijo, outras massas	12	11	11	14	7
Doces e sobremesas: Arroz doce, quindim, queijadinha, bolo, broa de fubá e outros doces	9	10	1	13	9
Pastel de Belém	8	5	3	11	9
Demais peixes: Sardinha frita e outros peixes	4	3		7	7
Feijoada	4	3	5	3	6
Caldo Verde	2	1		2	2
Outros	3	1	2	3	4
Não sabe/ prefere não opinar	46	47	70	31	44

PERGUNTA: Pelo que sabe ou ouve falar, quais são os pratos da culinária brasileira originários de Portugal ou que têm influência daquele país?

FIBE FÓRUM DE INTEGRAÇÃO BRASIL EUROPA — IPESPE 35 anos — pitagórica

PRATOS DA CULINÁRIA BRASILEIRA ORIGINÁRIOS
OU COM INFLUÊNCIA PORTUGUESA

PORTUGAL

(ESPONTÂNEA– RESPOSTAMÚLTIPLA)

(%)	TOTAL	SEXO		IDADE			REGIÃO					INSTRUÇÃO	
		F	M	ENTRE 18 A 34 ANOS	ENTRE 35 A 54 ANOS	55 E + ANOS	SUL	CENTRO	AM LISBOA	NORTE	ILHAS	SEM LICENCIATURA	LICENCIATURA OU SUPERIOR
Feijoada/ feijão preto	21	21	20	15	16	27	14	22	21	22	20	20	22
Bacalhau	4	4	4	3	3	5	4	3	3	6	2	4	4
Picanha	2	1	3	3	3	1	0	3	4	2	0	2	2
Cozido à portuguesa	2	2	3	1	1	3	4	1	4	2	0	2	2
Bolinho de bacalhau	2	3	1	0	3	2	2	1	4	1	0	2	2
Churrasco	1	1	2	1	1	2	1	1	1	2	2	1	2
Arroz e feijão	1	1	2	1	1	1	2	2	1	1	0	1	1
Caldo verde	1	0	1	2	1	1	2	1	1	0	0	1	0
Outros	8	9	8	13	7	7	5	11	9	8	2	6	11
Não sabe opinar/ Prefere não opinar	62	62	62	65	68	55	68	63	59	59	73	63	60

PERGUNTA: Pelo que sabe ou ouve falar, quais são os pratos da culinária brasileira originários de Portugal ou que têm influência portuguesa?

FIBE FÓRUM DE INTEGRAÇÃO BRASIL EUROPA · IPESPE 35 · pitagórica

3.5. Avaliação positiva do relacionamento entre Brasil e Portugal, sobretudo por parte dos brasileiros

As relações entre Brasil e Portugal são percebidas de modo predominantemente positivo, sobretudo entre os brasileiros. Para 66% deles, o relacionamento mantido atualmente entre os países é ótimo ou bom, e 27% o considera regular. Entre os portugueses, o percentual é menor, porém ainda favorável (53%), e outro largo contingente o classifica como regular (41%). Nesse quesito, o número de pessoas que declararam ver de maneira negativa a relação entre os dois países se mostrou bastante reduzido: apenas 3% no Brasil e 4% em Portugal.

Dois séculos após a Proclamação da Independência, são vários os aspectos apontados no estudo que confirmam o caráter positivo do atual relacionamento entre Brasil e Portugal. Entre os mais citados estão as boas relações diplomáticas, as transações turísticas e as trocas culturais. Outras questões que retratam essa ligação positiva são o apoio mútuo aos imigrantes, assim como as parcerias realizadas na área econômica.

Esse relacionamento foi objeto de um debate sobre a independência, realizado em setembro de 2022, no qual o presidente português Marcelo Rebelo de Sousa afirmou que os dois países se sentem "convidados" a estreitar relações por decisão majoritária das suas respectivas populações. Ele completou dizendo que os laços entre Portugal e Brasil permitem uma atuação bastante próxima nas Nações Unidas e em outras organizações internacionais, além de discussões conjuntas sobre grandes temas que só podem ser resolvidos multilateralmente, a exemplo da questão climática, das migrações, dos refugiados, do terrorismo, da fome e da miséria, bem como das demais desigualdades econômicas, sociais e culturais que afligem os países.

A presente pesquisa registrou a área do turismo como um aspecto bastante valorizado pelos portugueses nas relações entre os dois países, recebendo, em primeiro lugar, 62% das citações. Já os brasileiros colocaram as questões diplomáticas na primeira posição (57%). Em ambos os países, o assunto do apoio aos imigrantes, que tem ganhado frequente destaque, comparece com percentuais similares (45% em Portugal e 43% no Brasil), conforme pode ser observado nos resultados a seguir.

AVALIAÇÃO DO RELACIONAMENTO ENTRE BRASIL E PORTUGAL

BRASIL **(ESTIMULADA – RESPOSTA ÚNICA)**

(%)	TOTAL	SEXO		IDADE			INSTRUÇÃO			RENDA		
		M	F	18 A 34 ANOS	35 A 54 ANOS	55 ANOS OU MAIS	FUNDAMENTAL	ENSINO MÉDIO	SUPERIOR	ATÉ 2 SM	+ DE 2-5 SM	+ DE 5 SM
Ótimo	19	20	17	16	22	18	20	17	21	17	19	22
Bom	47	44	50	44	49	48	43	48	55	45	47	49
Regular	27	30	25	31	24	26	29	29	20	31	25	24
Ruim	2	2	3	3	1	3	2	3	1	2	3	1
Péssimo	1	1	0	0	1	1	1	0	1	0	0	2
Não sabe opinar/ Prefere não opinar	4	4	5	6	3	3	6	4	2	5	6	1

(%)	TOTAL	REGIÃO			
		NORTE / CENTRO-OESTE	NORDESTE	SUDESTE	SUL
Ótimo	19	14	14	23	18
Bom	47	45	41	49	53
Regular	27	29	37	23	20
Ruim	2	3	2	2	2
Péssimo	1	3	0	0	0
Não sabe opinar/ Prefere não opinar	4	6	5	3	7

PERGUNTA: De modo geral, o(a) Sr(a) avalia o relacionamento entre Brasil e Portugal atualmente como:

FIBE FÓRUM DE INTEGRAÇÃO BRASIL EUROPA · IPESPE 35 · pitagórica

AVALIAÇÃO DO RELACIONAMENTO ENTRE BRASIL E PORTUGAL

PORTUGAL **(ESTIMULADA – RESPOSTA ÚNICA)**

(%)	TOTAL	SEXO		IDADE			REGIÃO					INSTRUÇÃO	
		F	M	ENTRE 18 A 34 ANOS	ENTRE 35 A 54 ANOS	55 E + ANOS	SUL	CENTRO	AM LISBOA	NORTE	ILHAS	SEM LICENCIATURA	LICENCIATURA OU SUPERIOR
Ótimo	6	5	7	4	4	8	8	6	7	6	5	7	4
Bom	47	50	43	53	52	39	40	50	48	47	39	45	48
Regular	41	39	43	37	38	45	47	38	37	42	52	41	41
Ruim	3	3	3	1	3	4	1	3	4	2	2	3	3
Péssimo	1	0	1	1	0	1	2	1	0	0	0	1	1
Não sabe opinar/ Prefere não opinar	4	6	5	3	7	2	1	2	4	3	2	3	3

PERGUNTA: De modo geral, como avalia o relacionamento entre Portugal e o Brasil atualmente:

FIBE FÓRUM DE INTEGRAÇÃO BRASIL EUROPA · IPESPE 35 · pitagórica

ASPECTOS QUE RETRATAM POSITIVAMENTE AS RELAÇÕES ENTRE BRASIL E PORTUGAL APÓS OS 200 ANOS DE INDEPENDÊNCIA DO BRASIL

BRASIL - TOTAL DE MENÇÕES
(ESTIMULADA – RESPOSTA MÚLTIPLA)

(%)	TOTAL	SEXO		IDADE			INSTRUÇÃO			RENDA		
		M	F	18 A 34 ANOS	35 A 54 ANOS	55 ANOS OU MAIS	FUNDA-MENTAL	ENSINO MÉDIO	SUPE-RIOR	ATÉ 2 SM	+ DE 2-5 SM	+ DE 5 SM
Boas relações diplomáticas	57	59	56	50	67	52	51	61	64	50	61	65
Transações turísticas	51	51	51	50	56	45	48	49	65	49	47	63
Trocas culturais	44	39	47	43	45	43	40	43	53	40	44	51
Apoio mútuo aos imigrantes	43	45	42	46	40	44	44	45	35	46	43	37
Parceria e cooperação econômica	34	32	36	32	32	39	32	35	37	34	33	36
Outro/ Nenhum desses	10	11	9	11	9	9	8	10	16	9	6	19
Não sabe/ Prefere não opinar	29	31	28	32	25	32	36	27	19	35	30	16

(%)	TOTAL	REGIÃO			
		NORTE / CENTRO-OESTE	NORDESTE	SUDESTE	SUL
Boas relações diplomáticas	57	56	43	64	62
Transações turísticas	51	48	51	53	50
Trocas culturais	44	42	28	50	53
Apoio mútuo aos imigrantes	43	45	42	46	35
Parceria e cooperação econômica	34	34	29	36	36
Outro/ Nenhum desses	10	18	8	11	2
Não sabe/ Prefere não opinar	29	30	49	18	26

PERGUNTA: Quais desses itens que vou ler retratam mais positivamente as relações entre Brasil e Portugal, passados os 200 anos de Independência do Brasil?

ASPECTOS QUE RETRATAM POSITIVAMENTE AS RELAÇÕES ENTRE BRASIL E PORTUGAL APÓS OS 200 ANOS DE INDEPENDÊNCIA DO BRASIL

PORTUGAL - TOTAL DE MENÇÕES
(ESTIMULADA – RESPOSTA MÚLTIPLA)

(%)	TOTAL	SEXO		IDADE			REGIÃO					INSTRUÇÃO	
		F	M	ENTRE 18 A 34 ANOS	ENTRE 35 A 54 ANOS	55 E + ANOS	SUL	CENTRO	AM LISBOA	NORTE	ILHAS	SEM LICENCIATURA	LICENCIATURA OU SUPERIOR
Boas relações diplomáticas	58	56	60	52	62	57	53	61	60	56	57	57	58
Apoio mútuo aos imigrantes	45	48	42	43	41	49	35	46	47	45	50	46	44
Trocas culturais	60	58	61	56	59	62	67	61	57	59	59	55	65
Parceria e cooperação econômica	38	33	43	40	36	39	35	33	44	36	45	36	40
Transações turísticas	62	65	59	53	64	65	71	60	61	63	57	63	61
Outras	0	0	0	0	0	1	0	1	0	0	0	0	0
Não sabe opinar/ Prefere não opinar	9	9	8	15	11	4	8	9	6	11	9	10	7

PERGUNTA: Quais dos seguintes itens retratam mais positivamente as relações entre Portugal e o Brasil, passados os 200 anos de Independência do Brasil?

Ainda sobre o tema da imigração, o presente estudo constatou em ambos os países o predomínio de uma visão favorável à migração de brasileiros para Portugal, assim como a percepção de que o Brasil já se consolidou como maior colônia estrangeira no país irmão.

Em linha com esse posicionamento favorável à imigração, desde que foi criada, em 2007, com o objetivo de estabelecer procedimentos e regras para entrada, permanência, saída e afastamento de estrangeiros em Portugal, a Lei de Estrangeiros sofreu várias modificações ao longo dos anos. Recentemente, uma nova regulamentação foi estabelecida por decreto, visando agilizar, desburocratizar e flexibilizar os procedimentos de pedidos de vistos e de autorizações de residência para diversos tipos de imigrantes, entre estudantes de cursos de ensino profissional e superior, empreendedores, trabalhadores sazonais e autônomos. As mudanças, de acordo com a justificativa do decreto, buscaram adequar a legislação às novas dinâmicas econômicas e sociais, inclusive procurando substituir ao máximo os meios presenciais pelas novas tecnologias digitais.

Indagados diretamente sobre a migração, 73% dos brasileiros classificaram a questão como positiva para ambos os lados – avaliação partilhada por 64% dos portugueses. Entre estes, porém, 20% consideraram que a ampliação da abertura de fronteiras é um fator mais benéfico para o Brasil que para Portugal. Tal opinião predomina entre os portugueses pertencentes às faixas etárias de 18 a 34 anos (24%) e de 35 a 54 anos (26%).

Analisando especificamente a reforma promovida pelo Governo de Portugal na Lei de Estrangeiros, chega a 84% o percentual de entrevistados no Brasil que se declaram favoráveis às alterações, 6% são desfavoráveis e 7% indiferentes. Entre os portugueses, 51% concordam com as mudanças, 16% discordam e outra parte expressiva, de 28%, é indiferente. Brasileiros com nível superior e renda mais alta foram os que mais elogiaram as inovações na legislação, atingindo o patamar dos 90% de aprovação. Por outro lado, portugueses nas faixas etárias de 18 a 34 anos e de 35 a 54 anos aparecem como os que menos apoiam as novas regras, chegando a um quinto dos entrevistados, como é possível verificar nas tabelas seguintes.

PERCEPÇÃO SOBRE O FATO DA COMUNIDADE BRASILEIRA EM PORTUGAL SER A MAIOR COMUNIDADE ESTRANGEIRA RESIDENTE NO PAÍS

BRASIL

(ESTIMULADA – RESPOSTA ÚNICA)

(%)	TOTAL	SEXO		IDADE			INSTRUÇÃO			RENDA		
		M	F	18 A 34 ANOS	35 A 54 ANOS	55 ANOS OU MAIS	FUNDA-MENTAL	ENSINO MÉDIO	SUPE-RIOR	ATÉ 2 SM	+ DE 2-5 SM	+ DE 5 SM
Bom para os brasileiros, mas ruim para os portugueses	11	12	10	14	10	9	12	13	6	11	12	9
Bom para os portugueses, mas ruim para os brasileiros	6	7	5	8	6	4	6	6	7	4	9	5
Bom para ambos	73	70	76	67	77	77	70	74	78	73	72	77
Ruim para ambos	3	4	2	1	3	5	3	2	5	4	1	4
Não sabe/ Prefere não opinar	6	6	6	10	4	4	9	5	5	8	6	4

(%)	TOTAL	REGIÃO			
		NORTE / CENTRO-OESTE	NORDESTE	SUDESTE	SUL
Bom para os brasileiros, mas ruim para os portugueses	11	17	7	12	11
Bom para os portugueses, mas ruim para os brasileiros	6	8	6	6	6
Bom para ambos	73	64	75	75	75
Ruim para ambos	3	3	6	2	2
Não sabe/ Prefere não opinar	6	8	7	5	7

PERGUNTA: A comunidade brasileira em Portugal hoje já é a maior comunidade estrangeira residente no país. Na sua opinião, isso é:

PERCEPÇÃO SOBRE O FATO DA COMUNIDADE BRASILEIRA EM PORTUGAL SER A MAIOR COMUNIDADE ESTRANGEIRA RESIDENTE NO PAÍS

PORTUGAL

(ESTIMULADA – RESPOSTA ÚNICA)

(%)	TOTAL	SEXO		IDADE			REGIÃO					INSTRUÇÃO	
		F	M	ENTRE 18 A 34 ANOS	ENTRE 35 A 54 ANOS	55 E + ANOS	SUL	CENTRO	AM LISBOA	NORTE	ILHAS	SEM LICENCIATURA	LICENCIATURA OU SUPERIOR
Bom para os brasileiros mas mau para os portugueses	21	23	19	24	26	16	21	22	21	22	18	22	20
Bom para os portugueses mas mau para os brasileiros	3	3	4	5	3	3	2	6	3	2	2	3	[illegible]
Bom para ambos	64	62	67	57	60	74	61	58	65	66	77	64	65
Ruim para ambos	4	4	4	5	4	4	6	5	4	3	2	5	3
Não sabe/ Prefere não opinar	8	9	6	14	8	4	8	10	7	8	0	6	9

PERGUNTA: A comunidade brasileira em Portugal hoje já é a maior comunidade estrangeira residente no país. Na sua opinião, isso é:

FAVORABILIDADE À REFORMA DA LEI DE ESTRANGEIROS QUE FACILITOU A ENTRADA E O ACESSO AO TRABALHO PARA BRASILEIROS EM PORTUGAL

BRASILEIROS

(ESTIMULADA – RESPOSTA ÚNICA)

(%)	TOTAL	SEXO		IDADE			INSTRUÇÃO			RENDA		
		M	F	18 A 34 ANOS	35 A 54 ANOS	55 ANOS OU MAIS	FUNDA-MENTAL	ENSINO MÉDIO	SUPE-RIOR	ATÉ 2 SM	+ DE 2-5 SM	+ DE 5 SM
Favorável	84	83	84	81	87	82	81	84	90	84	79	91
Desfavorável	6	7	5	5	6	8	9	5	2	7	7	1
Indiferente	7	5	8	8	5	7	6	7	6	5	8	6
Não sabe/ Prefere não opinar	4	4	4	6	3	3	5	4	2	3	6	2

(%)	TOTAL	REGIÃO			
		NORTE / CENTRO-OESTE	NORDESTE	SUDESTE	SUL
Favorável	84	76	84	87	80
Desfavorável	6	8	8	5	6
Indiferente	7	8	5	6	9
Não sabe/ Prefere não opinar	4	8	4	3	5

PORTUGUESES

(%)	TOTAL	SEXO		IDADE			REGIÃO					INSTRUÇÃO	
		F	M	ENTRE 18 A 34 ANOS	ENTRE 35 A 54 ANOS	55 E + ANOS	SUL	CENTRO	AM LISBOA	NORTE	ILHAS	SEM LICENCIATURA	LICENCIATURA OU SUPERIOR
Favorável	51	48	53	43	42	61	41	48	54	53	48	48	54
Desfavorável	16	15	18	21	20	12	15	22	15	16	7	15	18
Indiferente	28	31	24	27	34	24	36	26	28	25	43	33	22
Não sabe/ Prefere não opinar	5	5	4	9	5	3	7	4	3	6	2	4	6

PERGUNTA: Recentemente foi aprovada a reforma da Lei de Estrangeiros em Portugal, que facilitou a entrada e o acesso ao trabalho para brasileiros. O(a) Sr(a) é favorável ou desfavorável a essa medida

FIBE FÓRUM DE INTEGRAÇÃO BRASIL EUROPA IPESPE 35 pitagórica

4. 200 ANOS DEPOIS: DESAFIOS E EXPECTATIVAS

4.1. Brasileiros são mais otimistas que portugueses quanto às expectativas para a economia e as áreas sociais nos próximos 12 meses

No contexto de eleição presidencial de 2022, os brasileiros revelaram mais otimismo do que os portugueses em relação a aspectos específicos da economia do seu próprio país para os próximos 12 meses. Uma análise comparativa das respostas dos entrevistados nos dois lados do Atlântico às mesmas questões formuladas verificou, por exemplo, que 82% dos portugueses nutrem uma expectativa negativa em relação ao aumento do custo de vida no seu País, enquanto no Brasil o mesmo problema é visto negativamente por 52% da população.

Depois de vivenciar um período de reequilíbrio econômico pós-crise europeia, a saúde financeira de Portugal sofreu novo baque em 2020, provocado pela pandemia da Covid-19. O PIB nacional recuou 8,4% naquele ano, gerando o pior quadro recessivo no País desde 1936. O turismo, uma das principais fontes de recursos, caiu 76%, ampliando a quebradeira. Entretanto, especialistas afirmam que ações adotadas nos anos anteriores à pandemia têm ajudado Portugal a enfrentar a crise de maneira mais eficaz que alguns vizinhos europeus. Em 2022, a economia chegou a crescer 6,7%, de acordo com o Instituto Nacional de Estatística (INE), índice mais elevado desde 1987. Mesmo assim, o processo de recuperação ainda enfrenta dificuldades que atingem diretamente o bolso do trabalhador, como a alta inflacionária, reduzindo o otimismo dos portugueses em relação aos 12 meses seguintes.

A diferença de cenário político pode ajudar a explicar a maior positividade dos brasileiros em relação ao tema: na época em que este estudo foi realizado, o Brasil se mobilizava em uma intensa campanha presidencial que sinalizava para a possibilidade da troca de comando no poder central, resultado que se confirmaria ao final de outubro com a vitória de Luiz Inácio Lula da Silva sobre Jair Bolsonaro, que tentava a reeleição. Naquele momento, de acordo com pesquisas amplamente divulgadas, o então presidente era responsabilizado por boa parte dos brasileiros pelos problemas na economia e no enfrentamento ao novo coronavírus. O período também foi marcado pelo arrefecimento da pandemia, melhorando as expectativas da população.

No caso de Portugal, as eleições presidenciais já haviam transcorrido no início de 2021, em meio ao agravamento da crise sanitária mundial e à debacle geral da economia. O pleito, inclusive, registrou um comparecimento considerado baixo: menos de 40% do total de eleitores foram às urnas. O presidente Marcelo Rebelo de Sousa garantiu a reeleição logo na primeira volta (turno), com 60,7% dos votos, mas dois anos depois dessa segunda vitória sua popularidade atingiu o ponto mais baixo já registrado, de acordo com pesquisas divulgadas à época.

Ainda na avaliação das expectativas para o futuro próximo, os brasileiros também são mais otimistas no que se refere à empregabilidade. Metade dos entrevistados em Portugal (50%) disseram acreditar em um aumento do desemprego no País, enquanto 15% mantêm esperanças na ampliação das vagas no mercado de trabalho. No Brasil, a perspectiva de dificuldades para conseguir trabalho inquieta 38% dos entrevistados, contra 32% que apostam em uma melhoria no nível de emprego. A mesma confiança dos brasileiros se aplica às expectativas diante da economia nacional. Para 46%, a tendência nos próximos meses será de crescimento econômico, enquanto 18% estão pessimistas em relação ao tema. Já entre os portugueses, 20% hipotecaram confiança no crescimento econômico do País em curto prazo, contra 43% que se mostraram descrentes.

Também é menor o entusiasmo em Portugal quanto ao aumento dos salários e do poder de compra da população. Apenas 8% se declararam otimistas, enquanto 64% apostaram em um decréscimo salarial e na consequente redução do poder de compra. O cenário é diferente no Brasil, onde 35% dos entrevistados disseram estar otimistas quanto à possibilidade de melhorias nos vencimentos e no poder de compra dos cidadãos. Outros 29% demonstraram pessimismo em relação a essa hipótese.

Diante das quatro questões formuladas simultaneamente à amostra da população dos dois países, há uma fatia de entrevistados que aposta na estagnação do atual cenário de remuneração e poder de compra para os próximos 12 meses e prefere não alimentar expectativas positivas ou negativas, conforme pode ser constatado nas tabelas a seguir.

EXPECTATIVA SOBRE ASPECTOS DA ECONOMIA NO BRASIL E EM PORTUGAL NOS PRÓXIMOS 12 MESES

EXPECTATIVAS DOS BRASILEIROS SOBRE ASPECTOS DA ECONOMIA NACIONAL (ESTIMULADA – RESPOSTA ÚNICA POR ASPECTO)

(%)		TOTAL	SEXO		IDADE			INSTRUÇÃO			RENDA		
			M	F	18 A 34 ANOS	35 A 54 ANOS	55 ANOS OU MAIS	FUNDAMENTAL	ENSINO MÉDIO	SUPERIOR	ATÉ 2 SM	+ DE 2-5 SM	+ DE 5 SM
DESEMPREGO	VAI AUMENTAR	38	38	38	37	38	38	44	33	34	45	33	32
	VAI FICAR IGUAL	24	19	29	24	25	25	23	25	27	21	28	25
	VAI DIMINUIR	32	37	27	30	33	32	26	37	35	28	32	40
	NS/NR	6	6	6	9	4	5	7	6	5	6	8	4
O SALÁRIO E O PODER DE COMPRA DAS PESSOAS	VÃO AUMENTAR	35	38	32	34	37	32	37	33	35	37	33	34
	VÃO FICAR IGUAIS	30	26	34	33	27	32	28	33	31	30	31	31
	VÃO DIMINUIR	29	29	29	27	32	26	28	28	31	28	28	32
	NS/NR	6	7	5	7	4	9	7	6	4	6	8	3
A INFLAÇÃO E O CUSTO DE VIDA	VÃO AUMENTAR	52	49	55	53	51	51	55	48	56	53	50	53
	VÃO FICAR IGUAIS	20	18	22	19	21	19	10	23	16	20	20	19
	VÃO DIMINUIR	22	25	18	19	24	22	18	25	22	19	23	24
	NS/NR	7	8	5	9	4	8	9	5	6	8	7	4
O CRESCIMENTO DA ECONOMIA	VAI AUMENTAR	46	47	44	45	46	45	44	46	48	48	41	48
	VAI FICAR IGUAL	29	26	31	28	29	29	28	29	31	25	33	30
	VAI DIMINUIR	18	20	16	19	19	16	20	17	17	19	17	19
	NS/NR	8	7	8	8	6	9	8	8	4	8	9	3

PERGUNTA: Para cada aspecto que vou ler, diga se acha que vai aumentar, ficar igual ou diminuir no Brasil nos próximos doze meses?

FIBE FÓRUM DE INTEGRAÇÃO BRASIL EUROPA · IPESPE 35 anos · pitagórica

EXPECTATIVA SOBRE ASPECTOS DA ECONOMIA NO BRASIL E EM PORTUGAL NOS PRÓXIMOS 12 MESES

EXPECTATIVAS DOS BRASILEIROS SOBRE ASPECTOS DA ECONOMIA NACIONAL (ESTIMULADA – RESPOSTA ÚNICA POR ASPECTO)

(%)		TOTAL	REGIÃO			
			NORTE / CENTRO-OESTE	NORDESTE	SUDESTE	SUL
DESEMPREGO	VAI AUMENTAR	38	36	49	33	33
	VAI FICAR IGUAL	24	19	19	27	30
	VAI DIMINUIR	32	37	28	33	30
	NS/NR	6	8	4	7	7
O SALÁRIO E O PODER DE COMPRA DAS PESSOAS	VÃO AUMENTAR	35	34	37	35	32
	VÃO FICAR IGUAIS	30	29	27	31	34
	VÃO DIMINUIR	29	29	29	29	26
	NS/NR	6	8	7	5	8
A INFLAÇÃO E O CUSTO DE VIDA	VÃO AUMENTAR	52	47	62	50	44
	VÃO FICAR IGUAIS	20	18	13	23	26
	VÃO DIMINUIR	22	25	20	21	22
	NS/NR	7	9	5	6	7
O CRESCIMENTO DA ECONOMIA	VAI AUMENTAR	46	52	49	44	39
	VAI FICAR IGUAL	29	23	28	31	30
	VAI DIMINUIR	18	17	18	20	16
	NS/NR	8	8	6	5	16

PERGUNTA: Para cada aspecto que vou ler, diga se acha que vai aumentar, ficar igual ou diminuir no Brasil nos próximos doze meses?

EXPECTATIVA SOBRE ASPECTOS DA ECONOMIA NO BRASIL E EM PORTUGAL NOS PRÓXIMOS 12 MESES

EXPECTATIVAS DOS PORTUGUESES SOBRE ASPECTOS DA ECONOMIA NACIONAL (ESTIMULADA – RESPOSTA ÚNICA POR ASPECTO)

(%)		TOTAL	SEXO		IDADE			REGIÃO					INSTRUÇÃO	
			F	M	ENTRE 18 A 34 ANOS	ENTRE 35 A 54 ANOS	55 E + ANOS	SUL	CENTRO	AM LISBOA	NORTE	ILHAS	SEM LICENCIATURA	LICENCIATURA OU SUPERIOR
DESEMPREGO	VAI AUMENTAR	50	55	46	54	56	45	46	50	52	49	61	51	50
	VAI FICAR IGUAL	28	27	30	25	26	32	29	29	31	27	18	28	29
	VAI DIMINUIR	15	10	20	12	14	16	16	18	12	15	9	15	15
	NS/NR	6	8	4	9	4	7	8	3	5	8	11	6	7
SALÁRIO E O PODER DE COMPRA DAS PESSOAS	VÃO AUMENTAR	8	8	9	9	7	9	7	9	8	8	7	11	5
	VÃO FICAR IGUAIS	23	24	23	35	21	19	21	25	25	22	18	26	20
	VÃO DIMINUIR	64	65	63	49	69	68	67	63	62	64	70	58	71
	NS/NR	5	4	6	7	4	4	5	4	5	5	5	5	4
INFLAÇÃO E O CUSTO DE VIDA	VÃO AUMENTAR	82	82	81	73	82	86	80	82	79	84	86	80	84
	VÃO FICAR IGUAIS	10	10	11	16	11	8	13	11	12	9	7	11	10
	VÃO DIMINUIR	4	3	4	5	3	4	4	3	6	2	5	4	3
	NS/NR	4	4	4	6	4	3	4	4	3	5	2	5	3
CRESCIMENTO DA ECONOMIA	VAI AUMENTAR	20	17	23	19	15	24	11	19	21	23	16	20	19
	VAI FICAR IGUAL	31	32	31	40	30	28	35	34	30	31	23	32	31
	VAI DIMINUIR	43	44	41	33	51	41	46	43	43	40	52	40	46
	NS/NR	6	7	5	9	5	6	8	5	5	7	9	8	4

PERGUNTA: Para cada aspecto que vou ler, diga se acha que vai aumentar, ficar igual ou diminuir em Portugal nos próximos doze meses?

Quando se trata de questões sociais, os brasileiros se mostram ainda mais otimistas que diante do cenário econômico e do mercado de trabalho para os próximos 12 meses. O estudo analisou as expectativas dos povos irmãos diante de três importantes setores do cotidiano da sociedade: segurança, saúde e educação de crianças e jovens.

O maior otimismo se refere à área da educação, a respeito da qual 41% dos entrevistados no Brasil afirmaram ter esperanças de melhoria nos próximos 12 meses, contra 20% que acreditam em piora. Outros 33% acham que a situação ficará como está, sem apresentar melhora ou piora. Já entre os portugueses, apenas 14% expressaram expectativas positivas quanto à educação de crianças e jovens para o ano seguinte, enquanto 30% se declararam pessimistas. Para metade da população daquele País (50%), o cenário educacional permanecerá estagnado.

É possível que a expectativa dos portugueses quanto à melhoria da educação seja menor do que a dos brasileiros em decorrência do bom nível da qualidade do ensino já alcançada naquele País. Dados colhidos em 2018, rodada mais recente do Programa Internacional de Avaliação de Alunos (Pisa), realizado a cada três anos, conferiram a Portugal a 25ª posição entre os 79 países avaliados, enquanto o Brasil ficou na 58ª colocação. Em outro ranking de educação, divulgado em 2018 pela ONU, Portugal ocupava a 41ª posição, com o Brasil ficando em 79º lugar.

Na área da saúde, apenas 9% dos entrevistados portugueses acreditam que haverá melhorias, contra 50% que apostam em uma piora da situação e 36% que afirmam que nada deverá mudar. Já entre os brasileiros, 34% creem em avanços na área da saúde, enquanto 24% fazem prognóstico de piora e outros 36% opinam que o cenário deve permanecer inalterado nos 12 meses seguintes ao estudo.

Portugal dispõe de um sistema de saúde pública de qualidade, classificado em 9º lugar na Europa e 12º no mundo, com uma média de um médico para cada 180 habitantes, de acordo com dados do Instituto Nacional de Estatística (INE). O governo subsidia a maior parte – incluindo emergências, especialidades, exames, cirurgias e até tratamentos mais complexos – cabendo ao paciente contribuir com a chamada taxa moderadora, cujo valor é baixo e, por vezes, considerado apenas simbólico.

A situação é diferente no Brasil, onde o Sistema Único de Saúde (SUS) – embora constitua um modelo avançado, baseado nos princípios da universalidade e da capilaridade – enfrenta inúmeros desafios, inclusive por conta das dimensões continentais do País e do tamanho da população. O SUS carece de investimentos para atender, de forma gratuita e com qualidade, toda a população que dele depende, uma vez que a saúde privada no Brasil tem custos elevados considerando a renda média do brasileiro.

O terceiro campo social analisado no estudo, o da segurança, é visto com mais descrédito por parte da população de Portugal. Embora o País seja considerado pacífico e, em 2022, tenha figurado em sexto lugar no ranking do *Global Peace Index* – divulgado anualmente pelo Institute for Economics & Peace (IEP) – cerca de 46% dos portugueses acreditam que a situação da área deve piorar ao longo dos próximos 12 meses, contra apenas 6% que se mostram animados quanto à possibilidade de avanços. Outros 44% dos entrevistados apostam que o setor permanecerá estagnado, sem progressos ou retrocessos.

Já no Brasil – situado na 130ª posição no mesmo ranking do *Global Peace Index* de 2022 –, 31% dos entrevistados demonstram otimismo diante da chance de avanços e melhorias na segurança, enquanto 29% são pessimistas. Para outros 35%, a situação não vai melhorar nem piorar nos próximos meses. Os dados completos podem ser verificados nas tabelas seguintes.

EXPECTATIVA SOBRE ASPECTOS SOCIAIS NO BRASIL E EM PORTUGAL NOS PRÓXIMOS 12 MESES

EXPECTATIVAS DOS BRASILEIROS SOBRE ASPECTOS SOCIAIS NO PAÍS (ESTIMULADA – RESPOSTA ÚNICA POR ASPECTO)

			SEXO		IDADE			INSTRUÇÃO			RENDA		
		TOTAL	M	F	18 A 34 ANOS	35 A 54 ANOS	55 ANOS OU MAIS	FUNDAMENTAL	ENSINO MÉDIO	SUPERIOR	ATÉ 2 SM	+ DE 2-5 SM	+ DE 5 SM
SEGURANÇA	VAI MELHORAR	31	36	27	30	30	36	32	30	31	33	30	31
	VAI FICAR IGUAL	35	34	35	39	34	29	33	37	31	31	39	34
	VAI PIORAR	29	25	32	24	32	31	28	28	35	32	23	32
	NS/NR	5	5	6	7	4	4	6	5	3	3	8	3
EDUCAÇÃO DAS CRIANÇAS E DOS JOVENS	VAI MELHORAR	41	46	36	40	38	46	45	40	33	44	40	35
	VAI FICAR IGUAL	33	28	38	36	34	28	28	36	39	30	34	39
	VAI PIORAR	20	19	21	17	22	23	21	18	24	21	19	22
	NS/NR	6	7	5	7	6	3	6	6	4	5	8	4
SAÚDE	VAI MELHORAR	34	40	30	32	34	39	36	33	34	35	34	34
	VAI FICAR IGUAL	36	33	39	39	37	30	33	38	39	35	35	40
	VAI PIORAR	24	21	26	21	25	25	25	23	24	26	23	22
	NS/NR	6	6	6	7	4	6	6	6	4	5	8	4

PERGUNTA: E com relação a cada aspecto que vou ler, diga se acha que vai melhorar, ficar igual ou piorar no Brasil nos próximos doze meses?

EXPECTATIVA SOBRE ASPECTOS SOCIAIS NO BRASIL E EM PORTUGAL NOS PRÓXIMOS 12 MESES

EXPECTATIVAS DOS BRASILEIROS SOBRE ASPECTOS SOCIAIS NO PAÍS (ESTIMULADA – RESPOSTA ÚNICA POR ASPECTO)

		TOTAL	REGIÃO			
			NORTE / CENTRO-OESTE	NORDESTE	SUDESTE	SUL
SEGURANÇA	VAI MELHORAR	31	35	31	29	33
	VAI FICAR IGUAL	35	31	27	41	34
	VAI PIORAR	29	26	35	27	27
	NS/NR	5	8	7	3	7
EDUCAÇÃO DAS CRIANÇAS E DOS JOVENS	VAI MELHORAR	41	45	46	37	38
	VAI FICAR IGUAL	33	30	27	38	33
	VAI PIORAR	20	18	21	20	22
	NS/NR	6	7	6	5	7
SAÚDE	VAI MELHORAR	34	40	32	34	34
	VAI FICAR IGUAL	36	31	33	39	37
	VAI PIORAR	24	19	29	23	23

PERGUNTA: E com relação ara cada aspecto que vou ler, diga se acha que vai melhorar, ficar igual ou piorar no Brasil nos próximos doze meses?

EXPECTATIVA SOBRE ASPECTOS SOCIAIS NO BRASIL E EM PORTUGAL NOS PRÓXIMOS 12 MESES

EXPECTATIVAS DOS PORTUGUESES SOBRE ASPECTOS SOCIAIS NO PAÍS (ESTIMULADA – RESPOSTA ÚNICA POR ASPECTO)

		TOTAL	SEXO		IDADE			REGIÃO					INSTRUÇÃO	
			F	M	ENTRE 18 A 34 ANOS	ENTRE 35 A 54 ANOS	55 E + ANOS	SUL	CENTRO	AM LISBOA	NORTE	ILHAS	SEM LICENCIATURA	LICENCIATURA OU SUPERIOR
SEGURANÇA	VAI MELHORAR	6	6	6	6	4	7	8	6	7	6	0	6	6
	VAI FICAR IGUAL	44	43	45	54	38	43	35	50	45	42	41	43	44
	VAI PIORAR	46	47	46	33	52	48	53	41	43	49	52	47	45
	NS/NR	4	5	3	7	6	2	4	3	6	4	7	4	5
EDUCAÇÃO DAS CRIANÇAS E DOS JOVENS	VAI MELHORAR	14	11	17	15	8	18	13	14	19	12	11	16	12
	VAI FICAR IGUAL	50	52	49	55	51	48	52	52	45	53	45	50	50
	VAI PIORAR	30	31	30	25	34	30	33	30	30	30	32	29	32
	NS/NR	5	6	4	6	7	4	2	4	6	5	11	5	6
SAÚDE	VAI MELHORAR	9	9	10	8	6	13	8	9	10	10	9	10	9
	VAI FICAR IGUAL	36	34	38	52	35	29	34	41	34	37	23	38	33
	VAI PIORAR	50	52	48	34	55	55	55	47	51	48	61	48	54
	NS/NR	4	5	4	6	4	3	2	3	5	4	7	4	4

PERGUNTA: E em relação a cada aspecto que vou ler, diga se acha que vai melhorar, ficar igual ou piorar em Portugal nos próximos doze meses?

4.2. Inflação e custo de vida são as maiores preocupações de portugueses, enquanto saúde é o principal problema para os brasileiros

Problemas nas áreas de saúde, emprego e renda, custo de vida e segurança são inquietações comuns a brasileiros e portugueses, embora ocupando posições diferentes nos rankings. Sob estímulo de uma lista de itens, cuja discussão tem se mostrado essencial para o planejamento do futuro dos países, o foco principal das preocupações dos portugueses incide sobre a inflação e o custo de vida, questões citadas por 75% dos entrevistados naquele País, que no início de 2022 viu surgir um aumento generalizado dos preços, agravado ao longo do ano. A alta foi liderada pelos setores energético e alimentício. De acordo com o Instituto Nacional de Estatística (INE), a média anual da inflação no País, calculada pelo Índice de Preços ao Consumidor (IPC), atingiu o patamar de 7,8%, o maior já registrado desde 1992. Na sequência de problemas, a saúde aparece na segunda colocação entre os portugueses (62%), seguida por emprego e renda (56%).

Na agenda dos brasileiros, a principal preocupação é com a área de saúde, que recebeu 61% das citações, seguida da geração de emprego e renda, com cerca de metade das menções, 52%. O item inflação/custo de vida – problema número um em Portugal – aparece na quarta colocação no Brasil (31%), depois dos temas segurança/violência (45%) e educação (39%).

Apesar da ampla inquietação diante do desafio da geração de emprego e renda, citado por pouco mais da metade dos entrevistados nos dois países, em termos concretos ambos obtiveram resultados positivos nesse setor em 2022. No Brasil, dados da Pesquisa Nacional por Amostra de Domicílios Contínua (PNAD Contínua) revelaram uma queda na taxa de desemprego para 8,1%, atingindo o menor nível dos últimos sete anos. Em Portugal, o percentual de desempregados diminuiu para 6% em 2022, quando a população empregada atingiu o patamar mais elevado desde 2002, de acordo com dados divulgados pelo Ministério do Trabalho, Solidariedade e Segurança Social.

Os demais temas que estão no radar dos brasileiros: fome (27%), meio ambiente (9%), guerras (7%) e imigração/refugiados (2%). Já para os portugueses, seguem-se no ranking: guerras (24%), meio ambiente (14%), educação (12%), fome (11%) e imigração/refugiados (7%). As tabelas a seguir detalham os resultados por segmentos sociodemográficos.

AGENDA DOS BRASILEIROS: PROBLEMAS E TEMAS QUE MAIS PREOCUPAM ATUALMENTE

BRASIL – TOTAL DE MENÇÕES
(ESTIMULADA – RESPOSTA MÚLTIPLA)

(%)	TOTAL	SEXO		IDADE			INSTRUÇÃO			RENDA		
		M	F	18 A 34 ANOS	35 A 54 ANOS	55 ANOS OU MAIS	FUNDA-MENTAL	ENSINO MÉDIO	SUPE-RIOR	ATÉ 2 SM	+ DE 2-5 SM	+ DE 5 SM
Saúde	61	58	64	60	63	60	61	62	61	65	58	59
Emprego e renda	52	49	54	55	54	45	47	55	58	50	51	58
Violência e segurança	45	46	43	41	44	50	43	43	51	40	46	51
Educação	39	38	39	39	40	37	39	39	37	43	33	41
Inflação e custo de vida	31	29	33	32	31	31	25	33	42	22	38	39
Fome	27	24	30	24	30	27	30	25	27	29	27	24
Meio Ambiente	9	11	7	5	11	9	9	10	6	7	11	7
Guerras	7	8	6	5	9	7	11	5	4	10	6	4
Imigração e refugiados	2	2	2	2	2	3	2	1	5	2	2	2
Outro/ Nenhum desses	1	1		1			1		1		1	1
Não sabe/ Prefere não opinar	4	5	3	7	2	4	5	4	2	4	5	2

(%)	TOTAL	REGIÃO			
		NORTE /CENTRO-OESTE	NORDESTE	SUDESTE	SUL
Saúde	61	57	64	62	58
Emprego e renda	52	44	45	59	52
Violência e segurança	45	50	38	47	45
Educação	39	41	45	36	35
Inflação e custo de vida	31	31	15	40	35
Fome	27	25	31	27	25
Meio Ambiente	9	11	6	9	11
Guerras	7	8	11	4	8
Imigração e refugiados	2	4	2	1	2
Outro/ Nenhum desses	1	0		1	1
Não sabe/ Prefere não opinar	4	6	5	3	4

PERGUNTA: Quais desses problemas ou temas mais preocupam os brasileiros atualmente?

FIBE FÓRUM DE INTEGRAÇÃO BRASIL EUROPA · IPESPE · pitagórica

AGENDA DOS PORTUGUESES: PROBLEMAS E TEMAS QUE MAIS PREOCUPAM ATUALMENTE

PORTUGAL – TOTAL DE MENÇÕES
(ESTIMULADA – RESPOSTA MÚLTIPLA)

(%)	TOTAL	SEXO		IDADE			REGIÃO					INSTRUÇÃO	
		F	M	ENTRE 18 A 34 ANOS	ENTRE 35 A 54 ANOS	55 E + ANOS	SUL	CENTRO	AM LISBOA	NORTE	ILHAS	SEM LICENCIATURA	LICENCIATURA OU SUPERIOR
Inflação e custo de vida	75	76	74	78	77	73	80	72	77	75	70	73	78
Saúde	62	62	62	49	61	70	59	69	63	60	57	60	66
Emprego e rendimento	56	58	54	64	64	47	56	53	54	59	64	54	59
Violência e segurança	26	25	27	19	25	30	25	19	26	30	34	29	23
Guerras	24	26	22	21	21	28	21	21	28	25	23	25	23
Meio Ambiente	14	14	15	15	12	16	11	21	14	12	14	15	13
Educação	12	12	12	12	13	12	18	13	10	11	14	11	13
Fome	11	12	10	13	10	11	8	12	13	11	9	14	7
Imigração e refugiados	7	6	9	13	7	5	11	9	6	6	9	7	7
Outra	0	0	1	1	0	1	0	1	0	0	5	0	1
Não sabe opinar/ Prefere não opinar	4	3	5	5	4	3	5	3	3	5	0	4	3

PERGUNTA: Na sua opinião, quais destes problemas ou temas mais preocupam os portugueses atualmente?

FIBE FÓRUM DE INTEGRAÇÃO BRASIL EUROPA · IPESPE · pitagórica

4.3. Que país portugueses e brasileiros desejam para os próximos anos?

Justiça, igualdade social e melhor qualidade de vida são as principais aspirações tanto dos portugueses como dos brasileiros para o futuro dos seus respectivos países. Mas as respostas se invertem na primeira e segunda posições. Para 60% dos moradores de Portugal, a melhoria da qualidade de vida é a meta mais relevante para os próximos 200 anos, seguida da demanda por mais justiça e igualdade social (53%). Já no Brasil, 55% expressaram seu maior desejo por justiça e igualdade entre as pessoas, enquanto 47% aspiram por uma vida com mais qualidade.

Também há uma inversão de prioridades no terceiro e quarto lugares: o fim da corrupção foi a terceira alternativa mais citada em Portugal (46%), ao passo que no Brasil foi a expectativa de uma economia forte (42%). Esses percentuais são 38% entre os brasileiros – para o fim da corrupção – e 38% em Portugal – para uma economia forte.

A preservação do meio ambiente e das florestas, a modernização do país e a estabilidade política completam a lista de expectativas dos dois povos para o futuro, conforme pode ser visto na tabela a seguir.

O BRASIL DESEJADO PELOS BRASILEIROS NOS PRÓXIMOS ANOS

BRASIL – TOTAL DE MENÇÕES
(ESTIMULADA – RESPOSTA MÚLTIPLA)

(%)	TOTAL	SEXO		IDADE			INSTRUÇÃO			RENDA		
		M	F	18 A 34 ANOS	35 A 54 ANOS	55 ANOS OU MAIS	FUNDAMENTAL	ENSINO MÉDIO	SUPERIOR	ATÉ 2 SM	+ DE 2-5 SM	+ DE 5 SM
Mais justo e com mais igualdade entre as pessoas	55	50	60	54	57	54	55	55	55	55	58	51
Com mais qualidade de vida	47	46	47	47	49	43	45	49	45	45	49	46
Com uma economia forte	42	38	46	42	46	37	34	43	63	31	42	66
Sem corrupção	38	36	39	34	38	41	33	42	37	36	39	38
Com mais preservação do meio ambiente e das florestas	33	32	33	31	33	35	33	33	31	33	33	32
Mais moderno	24	27	21	28	22	21	24	23	27	27	20	25
Com uma política estável	18	18	17	19	17	18	20	15	19	16	18	19
Outro/ Nenhum desses	6	7	4	5	4	10	6	5	6	7	3	6
Não sabe/ Prefere não opinar	19	23	16	19	17	23	25	17	9	26	17	8

(%)	TOTAL	REGIÃO			
		NORTE / CENTRO-OESTE	NORDESTE	SUDESTE	SUL
Mais justo e com mais igualdade entre as pessoas	55	48	50	63	48
Com mais qualidade de vida	47	41	50	48	43
Com uma economia forte	42	41	22	54	44
Sem corrupção	38	41	31	39	40
Com mais preservação do meio ambiente e das florestas	33	32	31	33	36
Mais moderno	24	30	26	23	16
Com uma política estável	18	19	15	16	25
Outro/ Nenhum desses	6	8	7	3	10
Não sabe/ Prefere não opinar	19	18	37	10	16

PERGUNTA: Na sua opinião, quais desses itens que eu vou ler melhor representam o Brasil que os brasileiros esperam nos próximos 200 anos?

FIBE FÓRUM DE INTEGRAÇÃO BRASIL EUROPA · IPESPE 35 anos · pitagórica

O PORTUGAL DESEJADO PELOS PORTUGUESES NOS PRÓXIMOS ANOS

PORTUGAL – TOTAL DE MENÇÕES
(ESTIMULADA – RESPOSTA MÚLTIPLA)

(%)	TOTAL	SEXO		IDADE			REGIÃO					INSTRUÇÃO	
		F	M	ENTRE 18 A 34 ANOS	ENTRE 35 A 54 ANOS	55 E + ANOS	SUL	CENTRO	AM LISBOA	NORTE	ILHAS	SEM LICENCIATURA	LICENCIATURA OU SUPERIOR
Com mais qualidade de vida	60	59	62	57	66	58	52	71	58	59	52	56	66
Mais justo e com mais igualdade entre as pessoas	53	54	52	45	52	58	54	49	58	49	64	52	54
Sem corrupção	46	45	46	40	47	47	38	52	43	45	52	48	42
Com uma economia forte	38	42	35	46	42	32	42	38	36	39	39	37	40
Com mais preservação do meio ambiente e das florestas	32	32	32	35	29	32	26	32	35	32	27	31	32
Com uma política estável	21	21	20	26	18	20	24	17	23	21	18	21	21
Mais moderno	19	17	22	20	16	21	25	19	19	18	18	19	19
Outra	1	0	1	0	0	1	0	0	0	1	2	1	0
Não sabe opinar/ Prefere não opinar	7	7	8	10	8	6	12	5	6	9	5	8	6

PERGUNTA: Na sua opinião, quais desses itens que eu vou ler melhor representam o Brasil que os brasileiros esperam nos próximos 200 anos?

FIBE FÓRUM DE INTEGRAÇÃO BRASIL EUROPA · IPESPE 35 anos · pitagórica

No âmbito privado são comuns a brasileiros e portugueses as principais aspirações em um horizonte de cinco anos: cuidados com a saúde, melhoria na renda e mais tempo com a família. Assim, a saúde vem em primeiro lugar para 74% dos portugueses e para 58% dos brasileiros entrevistados, enquanto o desejo de receber uma remuneração mais alta é a vontade de 69% e 55% deles, respectivamente. Da mesma forma, 60% dos portugueses e 51% dos brasileiros comungam da expectativa positiva de conseguir mais tempo para dedicar aos filhos e à família nos próximos anos.

A preocupação de conseguir um emprego melhor é mencionada por 47% dos entrevistados no Brasil e por 26% em Portugal. Estes últimos ressaltam ainda a intenção de praticar mais exercícios físicos e esportes (30%), sendo esse item mencionado por apenas 17% dos brasileiros, que consideram mais importante evoluir nos estudos e na qualificação profissional (36%) nos próximos cinco anos que os portugueses (20%).

Uma curiosidade registrada na lista de opções estimuladas nesse quesito das aspirações foi o baixo índice de citações à necessidade de ampliar a presença nas redes sociais. Apenas 5% dos brasileiros e 2% dos portugueses mencionaram o tema, como é possível constatar nas tabelas a seguir.

ASPIRAÇÕES DOS BRASILEIROS PARA SI E A FAMÍLIA NOS PRÓXIMOS 5 ANOS

BRASIL – TOTAL DE MENÇÕES (ESTIMULADA – RESPOSTA MÚLTIPLA)

(%)	TOTAL	SEXO		IDADE			INSTRUÇÃO			
		M	F	18 A 34 ANOS	35 A 54 ANOS	55 ANOS OU MAIS	FUNDA-MENTAL	ENSINO MÉDIO	SUPE-RIOR	ATÉ 2 SM
Cuidar mais da saúde	58	54	60	44	65	65	53	58	67	53
Receber um salário maior	55	53	58	54	59	51	54	59	50	57
Ter mais tempo para estar com filhos e família	51	54	48	52	49	52	52	49	50	46
Encontrar um emprego melhor	47	48	47	54	49	36	50	47	39	54
Evoluir nos estudos e qualificação	36	34	39	40	36	32	36	35	41	36
Praticar exercício físico ou esporte	17	16	18	17	15	21	14	17	26	14
Estar mais presente nas redes sociais	5	5	4	5	3	6	5	4	4	5
Outro/ Nenhum desses	6	7	4	5	5	9	7	4	6	6
Não sabe/ Prefere não opinar	14	17	11	15	12	15	16	13	10	17

(%)	TOTAL	REGIÃO			
		NORTE / CENTRO-OESTE	NORDESTE	SUDESTE	SUL
Cuidar mais da saúde	58	58	55	58	60
Receber um salário maior	55	50	49	58	63
Ter mais tempo para estar com filhos e família	51	51	47	53	48
Encontrar um emprego melhor	47	38	56	49	34
Evoluir nos estudos e qualificação	36	35	32	39	39
Praticar exercício físico ou esporte	17	20	10	20	19
Estar mais presente nas redes sociais	5	5	4	5	4
Outro/ Nenhum desses	6	8	3	5	10
Não sabe/ Prefere não opinar	14	15	25	7	13

PERGUNTA: Pensando nos próximos 5 anos, quais desses aspectos o(a) Sr(a) mais deseja para si e sua família?

FIBE FÓRUM DE INTEGRAÇÃO BRASIL EUROPA · IPESPE 35 anos · pitagórica

ASPIRAÇÕES DOS PORTUGUESES PARA SI E A FAMÍLIA NOS PRÓXIMOS 5 ANOS

PORTUGAL – TOTAL DE MENÇÕES (ESTIMULADA – RESPOSTA MÚLTIPLA)

(%)	TOTAL	SEXO		IDADE			REGIÃO					INSTRUÇÃO	
		F	M	ENTRE 18 A 34 ANOS	ENTRE 35 A 54 ANOS	55 E + ANOS	SUL	CENTRO	AM LISBOA	NORTE	ILHAS	SEM LICENCIATURA	LICENCIATURA OU SUPERIOR
Cuidar mais da saúde	74	77	71	54	70	86	72	74	75	75	66	76	71
Receber um salário maior	69	71	67	73	73	64	68	71	67	69	80	71	67
Ter mais tempo para estar com filhos e família	60	59	62	55	66	59	67	61	56	61	66	60	61
Praticar exercício físico ou desporto	30	29	31	32	30	28	26	23	33	33	23	24	37
Encontrar um emprego melhor	26	26	26	36	30	17	26	27	22	27	30	28	23
Evoluir nos estudos e qualificação	20	20	19	32	14	19	15	21	23	18	20	19	21
Estar mais presente nas redes sociais	2	2	2	4	1	1	1	5	1	1	0	1	2
Outra	1	1	2	0	1	2	1	1	2	1	0	2	1
Não sabe opinar/ Prefere não opinar	7	7	8	6	5	10	9	7	8	6	5	7	8

PERGUNTA: Pensando nos próximos 5 anos, quais desses aspectos o(a) Sr(a) mais deseja para si e sua família?

FIBE FÓRUM DE INTEGRAÇÃO BRASIL EUROPA · IPESPE 35 anos · pitagórica

4.4. Elevada atribuição de relevância à Amazônia e ampla adesão à ideia de que todos os países devem contribuir para sua preservação

Ao opinarem sobre a sustentabilidade e a preservação do meio ambiente – temas centrais no debate sobre o futuro da humanidade –, portugueses e brasileiros se mostraram bastante conscientes, embora divergindo parcialmente sobre alguns aspectos específicos. O aquecimento global e as consequentes mudanças climáticas, por exemplo, são a principal preocupação nesse campo para 61% dos habitantes de Portugal, enquanto no Brasil 56% destacam prioritariamente a poluição dos rios, lagos, mares e oceanos.

Na sequência, os problemas ambientais e de sustentabilidade considerados mais sérios pelos portugueses são: a poluição dos rios, lagos, mares e oceanos (58%) e o desmatamento e os incêndios das florestas (52%). No que concerne ao ranking no Brasil, seguem-se, pela ordem: o desmatamento e os incêndios florestais (47%) e a necessidade de preservação da Amazônia (40%). Detalhes da percepção dos dois povos sobre outras questões ambientais importantes podem ser conferidos na apresentação das próximas tabelas.

ASPECTOS DE SUSTENTABILIDADE A SEREM PRIORIZADOS PENSANDO NO FUTURO DO BRASIL E DO PLANETA

BRASIL – TOTAL DE MENÇÕES
(ESTIMULADA – RESPOSTA MÚLTIPLA)

(%)	TOTAL	SEXO		IDADE			INSTRUÇÃO			RENDA		
		M	F	18 A 34 ANOS	35 A 54 ANOS	55 ANOS OU MAIS	FUNDAMENTAL	ENSINO MÉDIO	SUPERIOR	ATÉ 2 SM	+ DE 2-5 SM	+ DE 5 SM
Poluição das águas dos rios, lagos, mares e oceanos	56	50	60	48	59	60	54	55	61	55	55	58
Desmatamento e incêndios das florestas	47	47	48	45	50	46	44	50	47	51	44	45
Preservação da Amazônia	40	41	39	39	37	46	36	42	47	35	43	44
Poluição do ar	36	35	37	36	39	31	36	37	34	41	34	30
Aquecimento global e mudanças climáticas	31	28	34	33	31	30	30	33	33	26	33	39
Destruição da fauna e extinção de espécies de animais	25	25	24	28	21	25	25	21	32	22	24	31
Coleta e Tratamento do lixo	23	21	24	20	26	22	23	22	24	20	24	28
Derretimento das geleiras	8	11	6	8	10	6	10	8	7	9	9	6
Outro/ Nenhum desses	1	0	1	1	0	0	1	1	0	1	1	0
Não sabe/ Prefere não opinar	5	7	4	8	4	4	8	4	2	5	7	3

(%)	TOTAL	REGIÃO			
		NORTE / CENTRO-OESTE	NORDESTE	SUDESTE	SUL
Poluição das águas dos rios, lagos, mares e oceanos	56	54	51	60	52
Desmatamento e incêndios das florestas	47	50	42	53	39
Preservação da Amazônia	40	40	38	43	34
Poluição do ar	36	40	39	35	31
Aquecimento global e mudanças climáticas	31	29	22	33	44
Destruição da fauna e extinção de espécies de animais	25	28	18	27	25
Coleta e Tratamento do lixo	23	25	20	23	25
Derretimento das geleiras	8	8	13	6	9
Outro/ Nenhum desses	1	1	0		2
Não sabe/ Prefere não opinar	5	3	8	3	8

PERGUNTA: Em relação ao tema da Sustentabilidade e Meio Ambiente, quais desses aspectos o(a) Sr(a) acha que deveriam ser prioridade pensando no futuro do Brasil e do Planeta?

FIBE FÓRUM DE INTEGRAÇÃO BRASIL EUROPA · IPESPE 35 · pitagórica

ASPECTOS DE SUSTENTABILIDADE A SEREM PRIORIZADOS PENSANDO NO FUTURO DE PORTUGAL E DO PLANETA

PORTUGAL – TOTAL DE MENÇÕES
(ESTIMULADA – RESPOSTA MÚLTIPLA)

(%)	TOTAL	SEXO		IDADE			REGIÃO					INSTRUÇÃO	
		F	M	ENTRE 18 A 34 ANOS	ENTRE 35 A 54 ANOS	55 E + ANOS	SUL	CENTRO	AM LISBOA	NORTE	ILHAS	SEM LICENCIATURA	LICENCIATURA OU SUPERIOR
Aquecimento global e mudanças climáticas	61	61	62	61	62	60	62	62	63	59	57	59	63
Poluição das águas dos rios, lagos, mares e oceanos	58	60	56	58	61	56	65	55	59	57	57	55	62
Desmatamento e incêndios das florestas	52	53	51	50	55	51	46	54	49	53	64	50	55
Recolha e Tratamento do lixo	29	30	28	28	30	28	33	27	29	28	32	27	31
Poluição do ar	26	25	28	22	27	28	21	27	20	32	23	30	21
Destruição da fauna e extinção de espécies de animais	24	23	25	30	25	20	26	25	24	22	27	26	22
Preservação da Amazônia	16	16	16	13	14	19	13	19	17	14	16	18	14
Derretimento dos glaciares	9	11	7	8	8	10	11	10	11	7	5	9	9
Outra	0	0	0	0	0	1	0	0	0	1	0	0	1
Não sabe opinar/ Prefere não opinar	5	4	6	6	5	4	5	4	5	5	5	5	4

PERGUNTA: Em relação ao tema da Sustentabilidade e Meio Ambiente, quais destes aspectos acha que deveriam ser prioridade pensando no futuro de Portugal e do Planeta?

FIBE
FÓRUM DE INTEGRAÇÃO BRASIL EUROPA
IPESPE 35
pitagórica

A opinião pública nos dois países atribui à Amazônia uma elevada importância para o mundo. Considerando uma escala de zero a dez, 92% dos brasileiros e 89% dos portugueses situam essa relevância no intervalo entre sete e dez pontos, ao passo que são inexpressivos os percentuais dos que não consideram a Amazônia importante.

IMPORTÂNCIA DA AMAZÔNIA PARA O MUNDO NUMA ESCALA DE 0 A 10 (%)

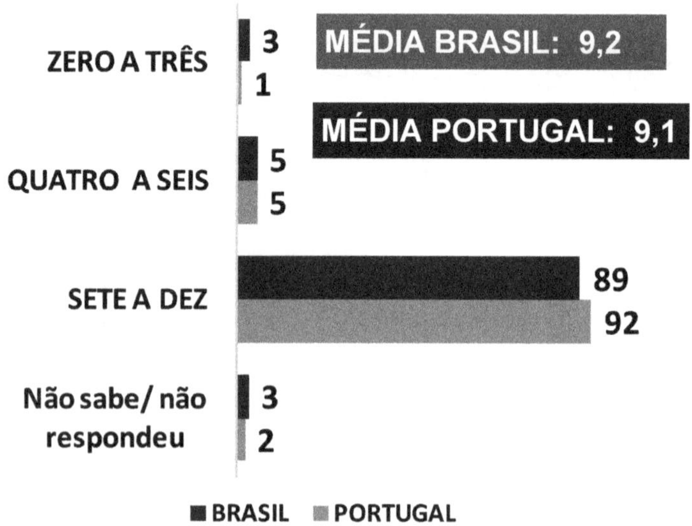

Em uma avaliação mais aprofundada dessa importância, diante da proposição: "os governos de outros países devem ou não contribuir com recursos para a preservação da Amazônia" – cuja área se estende pelos territórios do Brasil, Bolívia, Colômbia, Equador, Guiana, Guiana Francesa, Peru, Suriname e Venezuela – 80% dos brasileiros e 75% dos portugueses responderam a favor da contribuição, reiterando a visão sobre a necessidade de proteção da floresta tropical.

É importante lembrar que desde 2008 essa floresta conta com recursos provenientes do Fundo Amazônico, criado por iniciativa do governo brasileiro, aprovada na 13ª Conferência da ONU sobre Mudanças no Clima (COP-13). Trata-se de um instrumento de arrecadação voluntária de verbas nacionais e internacionais para investimentos em ações de prevenção, monitoramento e combate ao desmatamento, além de conservação e uso sustentável do bioma, visando o interesse comum de dar combate às mudanças climáticas.

Até dezembro de 2018, o Fundo Amazônico havia recebido cerca de R$ 3,4 bilhões em doações, sendo 93,8% provenientes da Noruega, 5,7% da Alemanha e 0,5% da Petrobras, empresa brasileira de capital aberto. Entretanto, a partir de 2019, em meio a denúncias de agravamento do processo de desmatamento da floresta, países doadores classificaram as ações do governo brasileiro como quebra de contrato e decidiram congelar os repasses de verbas.

Ainda que em menor proporção, a disposição de fazer contribuições financeiras pessoais à causa da preservação da Amazônia mostrou-se significativa neste estudo. Quase a metade dos brasileiros (49%) disse concordar com a proposta hipotética de pagar algum tipo de imposto ou contribuir com recursos financeiros próprios para proteger a floresta, contra 39% que declinaram. Entre os portugueses, 37% reagiram favoravelmente à possibilidade, enquanto 41% afirmaram não estar dispostos a contribuir financeiramente com o trabalho de preservação. Confira os números nas tabelas seguintes.

OPINIÃO QUANTO À EVENTUAL CONTRIBUIÇÃO DOS PAÍSES COM ALGUM TIPO DE RECURSO FINANCEIRO PARA PRESERVAR A AMAZÔNIA

BRASIL

(ESTIMULADA – RESPOSTA ÚNICA)

(%)	TOTAL	SEXO		IDADE			INSTRUÇÃO			RENDA		
		M	F	18 A 34 ANOS	35 A 54 ANOS	55 ANOS OU MAIS	FUNDA-MENTAL	ENSINO MÉDIO	SUPE-RIOR	ATÉ 2 SM	+ DE 2-5 SM	+ DE 5 SM
SIM	80	80	80	80	83	77	82	81	74	86	75	77
NÃO	14	15	13	13	13	16	11	13	23	9	15	20
NÃO SABE/ PREFERE NÃO OPINAR	6	5	7	8	4	7	7	6	3	4	9	3

(%)	TOTAL	REGIÃO			
		NORTE / CENTRO-OESTE	NORDESTE	SUDESTE	SUL
SIM	80	80	85	78	81
NÃO	14	14	11	16	10
NÃO SABE/ PREFERE NÃO OPINAR	6	6	4	6	9

PORTUGAL

(%)	TOTAL	SEXO		IDADE			REGIÃO					INSTRUÇÃO	
		F	M	ENTRE 18 A 34 ANOS	ENTRE 35 A 54 ANOS	55 E + ANOS	SUL	CENTRO	AM LISBOA	NORTE	ILHAS	SEM LICENCIATURA	LICENCIATURA OU SUPERIOR
SIM	75	73	77	72	74	77	76	77	79	70	82	74	76
NÃO	13	12	14	13	12	13	13	11	11	16	9	13	13
NÃO SABE/ PREFERE NÃO OPINAR	12	15	9	15	14	10	11	13	11	14	9	13	11

PERGUNTA: É praticamente um consenso a importância da Amazônia que se estende pelos territórios do Brasil, Peru e Colômbia. Sendo assim, o(a) Sr(a) acha que os demais países do mundo deveriam contribuir com algum tipo de recurso financeiro para preservar a Amazônia?

FIBE FÓRUM DE INTEGRAÇÃO BRASIL EUROPA · IPESPE 35 · pitagórica

DISPONIBILIDADE DE PAGAR ALGUM TIPO DE IMPOSTO OU CONTRIBUIR COM RECURSO FINANCEIRO PARA PRESERVAÇÃO DA AMAZÔNIA

BRASIL

(ESTIMULADA – RESPOSTA ÚNICA)

(%)	TOTAL	SEXO		IDADE			INSTRUÇÃO			RENDA		
		M	F	18 A 34 ANOS	35 A 54 ANOS	55 ANOS OU MAIS	FUNDA-MENTAL	ENSINO MÉDIO	SUPE-RIOR	ATÉ 2 SM	+ DE 2-5 SM	+ DE 5 SM
SIM	49	49	49	55	48	43	50	49	48	49	49	52
NÃO	39	42	36	33	39	45	39	36	43	42	33	42
NÃO SABE/ PREFERE NÃO OPINAR	12	9	15	11	13	11	11	15	9	10	18	6

(%)	TOTAL	REGIÃO			
		NORTE / CENTRO-OESTE	NORDESTE	SUDESTE	SUL
SIM	49	50	47	52	45
NÃO	39	39	46	34	39
NÃO SABE/ PREFERE NÃO OPINAR	12	11	7	14	16

PORTUGAL

(%)	TOTAL	SEXO		IDADE			REGIÃO					INSTRUÇÃO	
		F	M	ENTRE 18 A 34 ANOS	ENTRE 35 A 54 ANOS	55 E + ANOS	SUL	CENTRO	AM LISBOA	NORTE	ILHAS	SEM LICENCIATURA	LICENCIATURA OU SUPERIOR
SIM	37	35	40	33	37	40	35	38	35	39	36	34	42
NÃO	41	39	43	47	38	41	33	43	42	41	39	41	41
NÃO SABE/ PREFERE NÃO OPINAR	22	26	17	20	26	20	32	18	23	20	25	25	17

PERGUNTA: É praticamente um consenso a importância da Amazônia que se estende pelos territórios do Brasil, Peru e Colômbia. Sendo assim, o(a) Sr(a) acha que os demais países do mundo deveriam contribuir com algum tipo de recurso financeiro para preservar a Amazônia?

FIBE FÓRUM DE INTEGRAÇÃO BRASIL EUROPA · IPESPE 35 · pitagórica

5. HARMONIA É EXEMPLO PARA O MUNDO

Duas nações unidas não apenas pelo passado, pela história e pela língua. Como ficou claro neste estudo inédito, Portugal e Brasil também compartilham preocupações atuais e expectativas de construção de um futuro cada vez melhor para seus cidadãos e para o planeta.

Ao longo de 200 anos desde a Proclamação da Independência, os dois países têm dado seguidas demonstrações de que a relação entre colonizadores e colonizados se transformou em laços de nações irmãs. Entre portugueses e brasileiros predominam a harmonia e o respeito, e é com essa visão de integração e parceria que ambos os povos buscam, sempre que possível, envidar ações de intercâmbio e cooperação nos campos econômico, social e cultural.

Como foi visto no levantamento que originou esta publicação, se de um lado há certo nível de desconhecimento mútuo acerca de alguns aspectos históricos e do cotidiano de cada nação, bem como visões diferenciadas sobre o país irmão, de outro lado há comunalidade de percepções a respeito de vários temas e valores.

Os resultados confirmam, por exemplo, o reconhecimento do Brasil sobre a importância de Portugal como seu principal ponto de entrada na Europa. Da mesma forma, registram a iniciativa cada vez mais consolidada dos portugueses de investir em terras brasileiras. As mesmas terras que passaram a hospedar a família real e sua corte no distante ano de 1808, acontecimento histórico que marcou os primeiros passos de um processo que, tempos depois, desaguaria na Proclamação da Independência.

Em outro espectro, a pesquisa revela a imagem que os brasileiros fazem de Portugal enquanto cenário de oportunidades de trabalho e de melhor qualidade de vida, motivo pelo qual já constituem a maior comunidade estrangeira naquele país europeu. Do lado português, os números explicitam a visão sobre o Brasil como destino turístico, bem como seu potencial para investimentos econômicos.

Na agenda de problemas, portugueses e brasileiros comungam de preocupações com saúde, educação, geração de empregos, inflação, entre outras áreas vitais do cotidiano.

No âmbito cultural, registra-se a compreensão, em ambos os lados, a respeito das heranças e influências sobre manifestações artísticas, religiosas e gastronômicas, tendo obviamente a língua como o principal pilar dessa relação.

As semelhanças de pensamento, porém, não se limitam à memória do passado e à percepção do presente. Portugueses e brasileiros expressam, em uníssono, expectativas de mais igualdade e justiça social, além da ampla atribuição de importância à questão da sustentabilidade e, em particular, à preservação da Amazônia.

Em uma visão geral, o estudo evidencia a proximidade entre portugueses e brasileiros, ao mesmo tempo que desvela um terreno de oportunidades para um estreitamento de laços ainda maior. Como ressaltado no primeiro capítulo deste livro, valores de identidade e amizade entre nações são raros e preciosos, devendo ser cultivados. Essa tarefa cabe, conjuntamente, aos líderes e cidadãos dos dois países. De modo a fortalecer – sobretudo em um cenário de guerra e conflitos mundiais – seu exemplo de harmonia e integração.

6. ANEXO: OBJETIVO E METODOLOGIA DO ESTUDO

Este estudo de percepção foi idealizado com o objetivo de investigar o nível de conhecimento e a compreensão de brasileiros e portugueses sobre o Bicentenário da Independência do Brasil em relação a Portugal, transcorrido em setembro de 2022. Paralelamente, estabeleceu também como meta promover uma avaliação das expectativas dos entrevistados a respeito da agenda de acontecimentos prevista para os próximos anos nos dois países e no mundo.

O estudo foi concebido e desenvolvido pelo Fórum de Integração Brasil Europa (FIBE), com o apoio da Federação Brasileira de Bancos (FEBRABAN), em parceria com o Instituto de Pesquisas Sociais, Políticas e Econômicas (IPESPE) e com a PITAGORICA – Investigação e Estudos de Mercado –, que realizaram as pesquisas no Brasil e em Portugal, respectivamente. As equipes de trabalho foram coordenadas no FIBE pelo vice-presidente José Roberto Afonso; no IPESPE, pelo presidente do Conselho Científico, Antonio Lavareda; e, na PITAGORICA, pelo CEO Nuno Santos. Os resultados obtidos foram apresentados inicialmente no seminário *200 anos da Independência,* realizado em setembro de 2022, em Lisboa, Portugal.

A metodologia do estudo foi a quantitativa híbrida, combinando entrevistas telefônicas (CATI) e online (CAWI), no período compreendido entre os dias 9 e 21 de agosto de 2022. Ao todo, foram entrevistados 800 habitantes do Brasil e outros 800 moradores de Portugal, com idade igual ou superior a 18 anos. As amostras foram distribuídas segundo cotas preestabelecidas de sexo, idade e localidade, conforme a proporção dessas variáveis na população do respectivo país, por regiões (Fontes: IBGE – Censo 2010 e PNAD 2015, no Brasil; e Dados Oficiais do Governo de Portugal).

A margem de erro máxima estimada neste estudo, para obtenção dos resultados totais, é de 3,5 pontos percentuais para mais ou para menos nas duas amostras nacionais, de 800 entrevistados cada, considerando-se um intervalo de confiança de 95,5%. Os percentuais que não chegam a totalizar 100% são decorrentes de arredondamentos dos decimais ou em questões com múltiplas alternativas de resposta.

Na amostra de 800 brasileiros e brasileiras entrevistados, 43% vivem na região Sudeste – a mais populosa do País –, seguidos pelo Nordeste, com 27% de entrevistados. Na região Sul foram ouvidos 15% dos participantes, enquanto 8% são habitantes da região Norte e outros 7%, da região Centro-Oeste. Na distribuição geográfica adotada em Portugal, 35% dos entrevistados foram selecionados entre os habitantes da região Norte, enquanto 27% estão na Área Metropolitana de Lisboa, capital portuguesa. Outros 22% dos participantes se concentram na região Central do País, 11% pertencem à região Sul e 5% vivem nas ilhas de Açores e Madeira.

Período de realização

9 a 21 de agosto de 2022.

Amostra

Amostra nacional de **800 entrevistados representativa da população adulta de 18 anos e mais**, de cada país respectivamente, com cotas de sexo, idade e localidade. A abordagem aos entrevistados foi feita por meio de entrevistas telefônicas (CATI) e online (CAWI).

Margem de erro

A margem de erro máximo estimada é de **3.5** pontos percentuais para mais ou para menos nas amostras nacionais de 800 entrevistados, com a utilização de um intervalo de confiança de 95,5%.

Arredondamentos

Os percentuais que não totalizam 100% são decorrentes de arredondamento dos decimais ou de múltiplas alternativas de resposta.

TAMANHO DA BASE	PERCENTUAIS PRÓXIMOS A								
	10%	20%	30%	40%	50%	60%	70%	80%	90%
400 entrevistas	3.0	4.0	4.6	4.9	5.0	4.9	4.6	4.0	3.0
500 entrevistas	2.7	3.6	4.1	4.4	4.5	4.4	4.1	3.6	2.7
600 entrevistas	2.5	3.3	3.8	4.0	4.1	4.0	3.8	3.3	2.5
700 entrevistas	2.3	2.5	3.5	3.7	3.8	3.7	3.5	2.5	2.3
800 entrevistas	2.1	2.8	3.3	3.4	3.5	3.4	3.3	2.8	2.1

AMOSTRA BRASIL

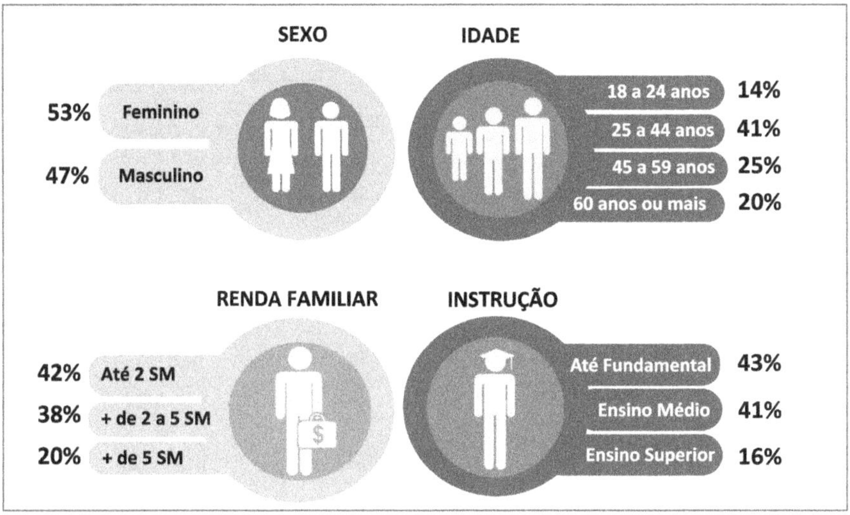

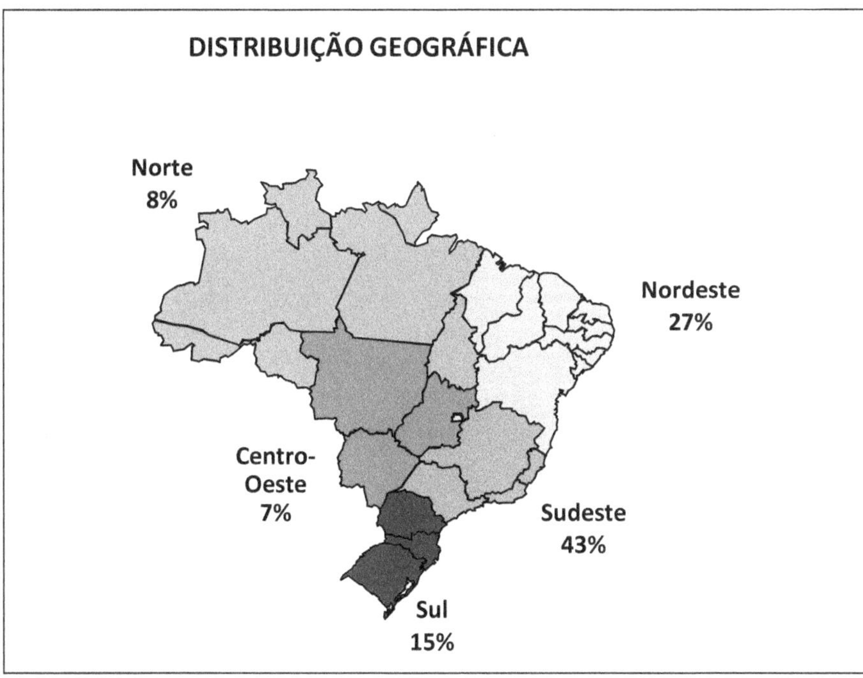

AMOSTRA PORTUGAL

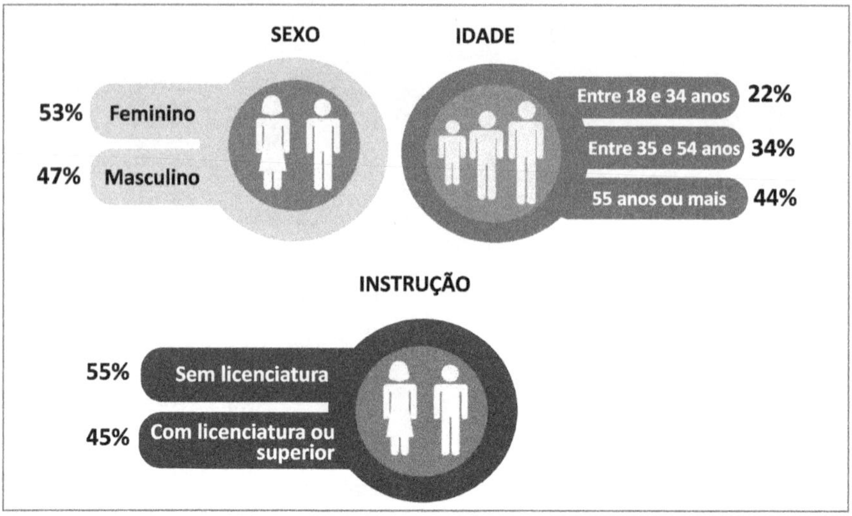

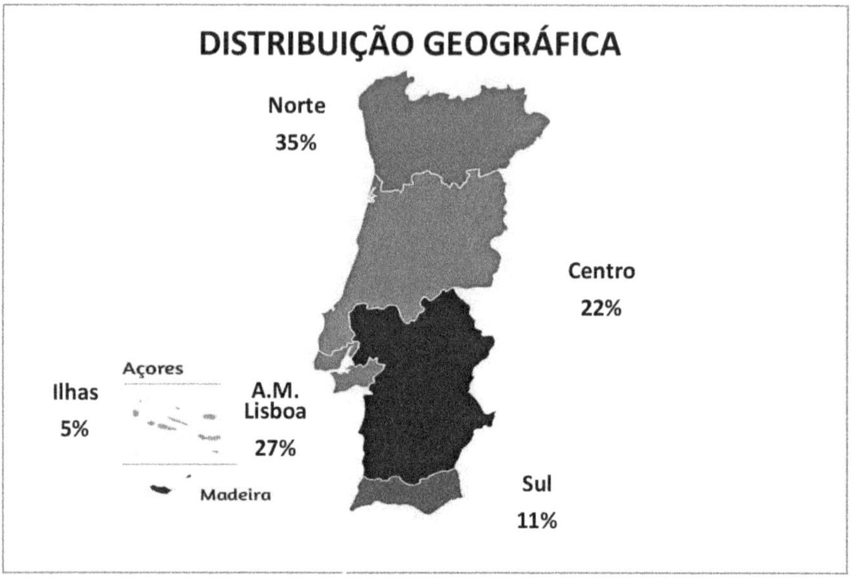